民国佛学讲记系列

江味农/讲述

金刚经讲义

下

上海古籍出版社

金刚般若波罗蜜经讲义卷四

详谈本分两总科。初约境明无住,以彰般若正智。即上来已讲之前半部经。次约心明无住,以显般若理体。即向下将讲之后半部经也。后半与前半不同处,兹于未讲经文时,先当说明其所以然。入文方易领会。且从多方面说明之,以期彻底了然。

(一)前是为将发大心修行者说。教以如何发心,如何度众,如何伏惑,如何断惑。后是为已发大心修行者说。盖发心而曰我能发、能度、能伏惑断惑。即此仍是分别,仍为著我,仍须遣除。后半专明此义。须知有所取著,便被其拘系,不得解脱。凡夫因有人我即执色身为我。之执,故为生死所系,不得出离轮回。二乘因有法我虽不执有色身,而执有五蕴法,仍是我见未忘，故名法我。之执，遂为涅槃所拘，以致沉空滞寂。菩萨大悲大智，不为一切拘系。故无挂无碍，而得自在。此之谓不住道。所以少有执情，便应洗涤净尽，而一无所住也。

（二）人我执，法我执，简言之，则曰我执法执。寻常说，本经前破我执，后破法执，未免疏略。前半启口便云：菩萨于法应无所住，以及无我相，无法相，亦无非法相；不应取法，不应取非法；法尚应舍，何况非法，等等，说之再再，何得云但破人我执乎？当知我、法二执，皆有粗有细。粗者名曰分别我法二执，盖对境遇缘，因分别而起者也；细者名曰俱生我法二执，此则不待分别，起念即有，与念俱生者也。此经前半是遣粗执。如曰：不应住六尘布施，不应住六尘生心，应无住心，应生无住心，应离一切相云云。皆是遣其于境缘上，生分别心，遂致住著之病。所谓我法二执之由分别而起者是也，故粗也。云何遣耶？离相是已。后半是遣细执，即是于起心动念时便不应住著。若存有所念，便是我执法执之情想未化。便为取相著境之病根。是为遣其我法二执之与心念同时俱生者，故细也。云何遣耶，离念是已。

（三）前令离相，是遣其所执也；后令离念，是遣其能执也。前不云乎？所执之幻相，起于能执之妄见。故乍观之，本经义趣,前浅后深。然而不能如是局视者,因遣所执时,暗中亦已兼遣能执矣。何以故?若不离念,无从离相故。故前半虽未显言离念,实已点醒不少。如能作是念否;我不作是念;应生清净心;应生无住心;若心有住,则为非住;皆令离念也。即如应离一切相发菩提心之言,利根人便可领会得,所发之心,亦不应住。何以故?明言有住则非故。前云信心不逆者荷担如来,当得菩提,是人必已领会得离念。不然,未足云荷担当得也。所以昔人有判后半是为钝根人说者,意在于此。谓利根人即无须乎重说。因世间利根人少,故不得不说后半部,令钝根者得以深入。此昔人之意也。不可因此言,误会为后浅于前。虽然,离念功夫,甚深甚细。若不层层剖入,不但一般人未易进步,即利根已知离念者,若不细细磋磨,功行何能彻底。如剥芭蕉然,非剥而又剥,岂能洞彻本空,归无所得乎?当知后半部自明五眼以后,愈说愈细。至于证分,正是令于一毫端上契入之最直捷了当功夫,所谓直指向上者。不明乎此,圆则圆矣,顿犹未也。若局谓后半专为钝根人说,于经旨亦未尽合也。此理不可不知。

(四)前半说,离一切相,方为发菩提心;方为利益一切众生之菩萨。是空其住著我法之病。后则云:无有法发菩提,无有法名菩萨,以及一切法皆是佛法等语。是空其住著我法二空之病也。故前是二边不著;后是二边不著亦不著。前是发心应离相;后则并发心之相亦离。当知但使存有能离之念,仍是我法宛然,便已分别取相。故又云非不以具足相得菩提,我见即非我见,法相即非法相。皆所以遣荡微细执情。遣之又遣,至于能所皆离。并离亦离。方证本来。所谓证者,非他。但尽凡情,本体自现。非别有能证所证也。岂但凡情不可有,即圣解亦应无。存一能修所修,能证所证,便是圣解。即是所知障。正障觉体。故弥勒菩萨《金刚经颂》曰:于内心修行,存我为菩萨,此则障于心,违于不住道也。《圆觉经》云:一切菩萨及末世众生,应当远离一切幻化虚妄境界。本经前半不外此义。《圆觉经》又云:由坚执持远离心故,心如幻者,亦复远离;远离为幻,亦复远离;离远离幻,亦复远离;得无所离,即除诸幻。本经后半部,不外此义。

(五)前半部是明一切皆非,如曰:非法非非法,有住则为非住。以显般若正智之独真。盖此智本一尘不染,而一切相莫非虚幻。故应一切不住,而后正智圆彰也。后半部是明一切皆是,如曰诸法如义,一切法皆是佛法,是法平等无有高下。以明般若理体之一如。盖此体为万法之宗,故一切法莫非实相,故应菩提亦不住,而后理体圆融也。

由是观之。一部《金刚经》所诠者,真如二字而已。最后结之曰:不取于相,如如不动。全经义趣,尽在里许矣。又复前明一切皆非,令观不变之体也,所谓正智者,乃如如之智,即体之智也。后明一切皆是,令观随缘之用也,所谓理体者,理者条理,属性用言,用不离体,故曰理体。此与宋人之言理气,截然不同。彼以浑然一本者为理,以流行万殊者为气。后儒辨其言理之非是者,详矣。又复前既一切皆非,故虽则非与是名并举,而意注则非,所谓虽随缘而不变也。后既一切皆是,故虽细遣法执,而曰于法不说断灭相,所谓虽不变而随缘也。综上五说,以观全经。全经旨趣,了了于心目中矣,不止入文时,易于领会已也。

(己)次,约心明无住以显般若理体。分二:(庚)初,深观无住以进修;次,究极无住以成证。(庚)初,又三:(辛)初,发心无法;次,举果明因;三,显胜结劝。(辛)初,又四:(壬)初,重请;次,示教;三,征释;四,结成。

(壬)初,重请。

尔时，须菩提白佛言："世尊！善男子、善女人，发阿耨多罗三藐三菩提心，云何应住？云何降伏其心？"

此科看似另起，实则紧蹑前文而来。尔时，正指佛说经义果报，皆不可思议甫竟之时也。长老意谓，既应离名绝相。而善男子、善女人，明明各有发心之相。且明明有阿耨多罗三藐三菩提之名。盖各各自知我应发心，各各自知阿耨菩提是无上法。岂非我法之名相宛在乎。前云应离一切相发菩提心，今思发心，时便住相了，云何此心独应住耶？若不应住而应降伏者，岂非不发心乎？然则云何降伏其心耶？此意是说我法二执已与发菩提心时，同时俱生矣。降则非发心，住则执我法。此正向一毫端上锥劄入去，指示行人应向起心动念时用功。长老大慈，故代一切众生，重请开示根本方便耳。

前曰应云何住，是问菩提心应云何安住，俾无驰散。今曰云何应住，是问菩提心云何独应住著。盖若不住于此法，何谓发此心。住既不可，降又不得，将奈之何？此因闻说于法应无所住，乃至有住则非。因思菩提亦法也，云何应住耶？

且前云应离一切相发菩提心,一切相赅摄甚广,发菩提心之相,当亦在内。何既云应离一切相又云发菩提心耶?若亦应离者,又何以谓之发菩提心耶?钝根人闻法,往往执著名言,粘滞不化。长老此问,又是曲为现前当来,一切粘滞不化者,请求开示耳。

(壬)次,示教。

佛告须菩提:"善男子、善女人,发阿耨多罗三藐三菩提者,当生如是心,我应灭度一切众生,灭度一切众生已,而无有一众生实灭度者。

此正开示教导起心动念时离相之方便也。观上科问辞,若无办法,观此科答语,极其轻松圆妙。菩提下唐人写经无心字,应从之。试思开口说一句发阿耨多罗三藐三菩提者,即接云当生如是心,正是扫除此是发菩提心之相。故原本不用心字,以示泯相之意。即以文字论,不要心字,亦说得通。盖发阿耨多罗三藐三菩提,即是发无上正等觉,不赘心字,有何不可?

如是二字,指下三句。我应应字,正与生字相呼应。盖现其本有曰生,显其本无曰发。一切众生,本来同体,灭度一切众生,不过完其性分之所固有,乃应尽之天职,有何奇特。若以为我当发此心,便有矜张之意,便著相矣。故不曰当发,而曰当生者,以此。盖说一应字,是遣其著于菩提,破法执也;说一当生,是遣其著于发心,破我执也。

应字统贯下三句。三句之意,次第深进。初句言度生本应尽之责,言下含有何可自矜此是菩提耶!次句言应度众生至于罄尽,已者,罄尽之意。言下含有众生无尽,此责又何尝能尽,则何可自谓我能度耶!三句更进一步。谓应知虽度得罄尽,而并无_{无字略断}。实有一众生灭度者。何以故?众生之性,本即涅槃故;且虽涅槃而亦不住故。彼若有住,便非灭度故。然则岂有一众生实灭度者?则又何可自谓有所度耶!

发无上正等觉者,须先觉了度众生是应尽之责,且此责终未能尽;即尽,亦等于未尽。当生如是之心,无能度、无所度、无分别、无所谓菩提、无所谓度、并无所谓发心,庶与清净觉心相应耳。

前答曰实无众生得灭度者,重在一得字。谓虽得灭度,而实无所得也。此中重在灭度字,尚无所谓灭度,那有得不得之可说?其意更深于前可知。又前答虽亦是能度、所度并遣。其遣能度、所度,虽亦是遣其著于菩提心,但语气浑涵。今则深切著明而说曰:当生如是如是心,则此是菩提,此是发菩提心,此是众生灭度的影子,也不许一丝存在。故语虽与前答相仿。意则如万丈深潭,一清到底。

更有当知者。闻得此中所说,便应依此起修。前云:生信一科,已将全经旨趣摄尽;向后是加以广大之阐明,深密之发挥。吾辈学人,应从深密处著手,方能达于究竟。所以闻前半部经者,更不可不闻后半部经也。本经天然分为信解修证四部分者,非谓信解中无修功,乃指示前来所有修功,皆应依此中所说者而修之耳。此我前于说信心清净时,所以极力发挥信解行证虽有次第,而不可局其次第。虽分四项,而不可局为四也。诸善知识,应体会此意也。

(壬)三,征释。

"何以故?若菩萨有我相人相众生相寿者相,则非菩萨。

何以故下,流通本有须菩提三字,古本无之,可省也。何以故?是自征问何故当生如是心。其下云云,是反言以释其义。意谓，若不生如是心者，便有对待分别。既未脱我人等分别执著之相，依然凡夫，岂是菩萨。下文所以者何，又转释则非菩萨之所以然。前云若取法相，即著我人众生寿者。若自以为发菩提心，便取著菩提法，则四相宛然矣，故曰则非菩萨。故当生如是心也。

我人众寿四相，虽同于前，而意甚细。盖已一切不著，但著于上求下化极微细的分别耳。不可滥同普通一般之四相。世尊言此，是开示行人若微细分别未净，我相病根仍在。虽曰菩萨，名不副实矣。儆策之意深哉。

（壬）四，结成。

"所以者何？须菩提！实无有法发阿耨多罗三藐三菩提者。

古本菩提下亦无心字。此句正引起下文无法得菩提，心字尤不应有。所以者何？承上起下，结成上两科义。实无有法发阿耨多罗三藐三菩提者。有两义，可作两种读法：

（一）法字断句。意谓发正觉者，实无有法。盖无上正等觉，即是究竟清净义。清净觉中，不染一尘。若存毫末许，此是菩提,便是法尘,便非净觉。则所发者名为菩提,实则分别心耳。故必实无有法,乃名发无上正等觉者。

(二)无字断句。意谓,有法发无上正等觉,实无如此事理。盖众生以无始不觉故,因爱生取,遂致流转。故无论何法皆不应取,取之便是不觉。何名发觉乎?故实无可以有法为发无上正等觉者。

两义既明,则上文当生如是心,及若有四相则非菩萨之所以然,可以了然矣。

上来所明,不外发菩提者,当发而不自以为发。如是无发而发,乃为真发。而住降在其中矣。盖云何住降,全观发心如何,不必他求,故不别答。须知当生如是心,便是无住而住之意。应灭度一切众生三句,是降伏其心之意也。

初问只答降住,重问只答发心,固以示浅深次第。若不发心何必问降住,故发心是本,降住为末。故曰浅深次第。然而前答降住,而发心摄在其中。今答发心,而降住摄在其中。且知得云何降,便知得云何住。又以示三事只一事,而前从降伏上说,原为不降之降;今就发心上说,又是无发而发。此皆破我遣执之微妙方法,应于此等处悉心领会,方为善用功者。

(辛)次,举果明因。分二:(壬)初,详明;次,结示。(壬)

初,又二:(癸)初,明果;次,明因。(癸)初,又二:(子)初,明无得而得;次,明法法皆如。(子)初,又三:(丑)初,举问;次,答释;三,印成。

(丑)初,举问。

"须菩提!于意云何?如来于然灯佛所,有法得阿耨多罗三藐三菩提不?"

此引往事为证也。其时证无生法忍,位登八地。事迹因缘,前已详说之矣。上望极果,八地仍为因人。而下望发心者,则为果位。此事介乎因果之间。因因果果一如之理,易于明了。故举以为证。世尊防闻上说者,疑谓发心若无法,云何得果?故举果以证明之。若知得果者乃是无得而得,则发心者必应无发而发也,明矣。标科曰举果明因,含有因果两重。盖举佛地之果法,明八地之因心。即藉八地果人之心,明发觉初心者之行也。

此事前后两引之,而命意不同。不同之意有三:

(一)前问于法有所得否?答曰:于法实无所得。其意重在得字。明其虽得而不住得相。与上文四果得无得相之意一贯,以引起下文,发心者应生清净心,不应住色声六尘等相来也。此中则重在法字,盖以无法得菩提,证明上文无法发菩提之义也。

(二)前问中法字,是指无生法忍。此中法字,即指阿耨多罗三藐三菩提。其时方登八地,未得究竟果法。当知无生法忍,名为菩提分法。所谓分证菩提,非究竟证得无上正等觉也。故此处问意,实趋重在下文之反正释成。意明彼时因证无生法忍,一法不生,故蒙授记。则彼时心不住法可知。因彼时心不住法,故今日圆满证得究竟果法而成如来。使人了然于如是因,如是果,丝毫不爽。则发心不应住菩提法,毫无疑蕴矣。

若误会此句之意,为彼时已得无上正等觉,而不住法相,则差之远矣。观下文云若有法如来得阿耨多罗三藐三菩提,足证此句得字非指彼时。彼时未成如来故。总而言之,得者,当得也,非已得也。

(三)前问于法有所得否,亦是举果明因。然法字既指无生法忍,故彼中只有举八地果明发心因一义。此中之法,是指无上菩提,故应以两重因果释之,于义方圆。

有法得阿耨多罗三藐三菩提否,作一句读。有法者,心有其法也,即住法之意。问意若曰:如来昔于然灯佛处,心中存有无上正等觉果法,以求证得之否。犹言心中存有当得无上菩提之念否也。经中不如是说之,而曰有法得云云者,与上文有法发之语相配,俾遣微细法执之意,一目了然耳。

说一如来,即含有不应住法意在矣。如来是性德之称。觉性圆明,岂有法尘。作佛时如此。则昔在八地时,既蒙作佛之授记,其心无法尘也可知。证得菩提分法时如此,则初发菩提者便应如是而学,亦由此而可知。因因果果,先后一如。故曰此处之举果明因含义两重。

（丑）次,答释。

"不也,世尊！如我解佛所说义,佛于然灯佛所,无有法得阿耨多罗三藐三菩提。"

不也,活句。谓非无法非有法也。彼时正蒙授记当来作佛。作佛云者,许其将来得证果法之称也。故非无法。然彼时实以证无生忍,一法不生,而蒙授记。故非有法也。解所说义,正指上文所说无法发菩提之义。谓由无法发菩提之义领会之,知必无法乃得菩提。何以故？因果一如故。长老既未作佛,亦非八地菩萨,云何知其境界。但于佛所说义中,领会得之。此正指示解慧之要也。不曰如来而曰佛者,有深意焉。盖上曰解义,是以初发心修因时之义,解得证八地果者之心。今举佛言,则是由今日已得作佛之果,证明昔时当得作佛之因。何以故？佛者证得果法成究竟觉之称也。举一佛字,明其约证果言,非毕竟无法也。然由所解无法乃得之义推之,则以今日之果,望昔日之因。其于然灯佛时,必无丝毫有法得阿耨菩提之心念可知矣。无字略断。有法得阿耨多罗三藐三菩提,原是问辞。今加一无字,明其约修因言,非毕竟有法也。总以显明心无法以求得,而后可得。若住法求得,便不能得。则不应住法发心,其义昭然。

(丑)三,印成。分二:(寅)初,如来印许;次,反正释成。

(寅)初,如来印许。

佛言:"如是,如是。须菩提！实无有法如来得阿耨多罗三藐三菩提。

两言"如是"者,许其非无法非有法之说,不谬也。实无略断。有法得阿耨菩提,连读之。有法得阿耨多罗三藐三菩提,原是问辞。今于其中加如来二字者。如来是性德之称。

觉性圆明，名为得阿耨多罗三藐三菩提。若有法尘，便非圆明，何名得无上菩提。故如来得阿耨多罗三藐三菩提，犹言得成如来。有法如来得云云，犹言有法得成如来。实无者，谓彼时在然灯佛所，实无丝毫有法得成如来之心也。经文不曰得成如来，而必曰如来得阿耨菩提者，因正在破法执，故带无上菩提法为言。以明实因心中无此果法，而后得成如来耳。此正印定长老所解不谬。长老以果明因，故举佛言。世尊则约性德以明觉性圆明，哪容有法，故举如来为言。意在使知虽得而实无所得，方为性德圆彰之如来。以为下文说如来者，诸法如义，作前提也。

（寅）次，反正释成。分二：（卯）初，反释；次，正释。

（卯）初，反释。

"须菩提！若有法如来得阿耨多罗三藐三菩提，然灯佛则不与我授记：汝于来世，当得作佛，号释迦牟尼。

此反正释成中两科，正举问时目光所注之处也。上来皆是就今日佛地之果位，明昔时八地之因心。此中则就昔得授记之果行,明今初发觉之因心也。故上来所说,皆是为此处作引案者。盖以成佛成如来,由于昔日之授记。而昔日授记,实由于证法无生。一切发觉初心之菩萨,若知得有法则不授记,无法乃与授记。则受持读诵此经,必应如教,于一切法无住而住。方为信心不逆,荷担如来。方能生福灭罪,当得菩提。其义岂不昭然若揭哉。

"三菩提"下,古本无者字。观不与授记之说,可知此若有法如来得云云,是指尚未授记之时而言。意谓彼时未蒙授记之先,若心住于无上菩提之法,希望成如来,得无上菩提。便不能证无生法忍。则并授记亦不可得矣。岂能成如来耶!汝于来世三句,是然灯佛授记之言。今恐不明何谓授记,故引以明之。而不用作是言句,显其非然灯佛如是云云也。

(卯)次,正释。

"以实无有法得阿耨多罗三藐三菩提,是故然灯佛与我授记,作是言:'汝于来世,当得作佛,号释迦牟尼。'

以实无断句。谓以其实无住著菩提法以求得之之心也。

是故者，明其正因心无有法，乃证无生。以是之故，得蒙授记耳。作是言句，显此中汝于来世三句，乃是然灯佛金口亲宣。与上科之引以释授记之义者不同也。

或以释迦(姓)牟尼(名)之义，为能仁寂默。因曰：能仁则不住涅槃，寂默则不住生死。因其于法不住，故以此名号授记之。此释未尝不可，但不必拘。因授记重在印许当来作佛耳，无关名号。且佛佛皆不住法，皆蒙先佛授记，皆有名号，而名号未必皆取不住之义，何可拘拘以名号释之？

以下明法法皆如一科要旨。上无得而得一科，是举证果之事，以明不应住菩提；此法法皆如一科，是说果证之理，以明无菩提可住。正是说明不应住之所以然者。乃离相之极致也，亦法性之本然也。盖以果证者，相与不相之齐泯。令知因行时，应相与不相以俱离耳。

法法皆如义蕴精微。今先将其要旨穷源竟委，次第说明，然后于分科中所明之旨趣，庶几得有头绪，较易明了。当知世尊说此法法皆如之义，意在令闻法者于究竟了义彻底了解耳。盖必解深而后信深，解圆而后修圆。其于证入也不难矣。何以故？解渐渐开，执情我见便渐渐消故。所以学佛重在解慧者因此。解慧者，所谓观慧也。此所以闻思修三，不离乎一慧也。然则此法法皆如之要旨,乌得不明辨之乎。

所谓无上正等觉者非他,即是真如本性,亦名自性清净心是也。因其为万法之宗,故称无上;因其为一切众生所同具,故名正等。但众生为分别执著等妄念所障,不自觉知其性为无上正等耳。若知之而能遣妄除障,则名正觉。初能觉时,名曰发觉初心。觉至究竟,而令无上正等之性德全彰,无以名之,名之曰得无上正等觉耳。实则性是本具,安有所谓得耶!所以虽得而必归无所得者,此也。而得无上正等觉者,以众生同体故,慈悲本愿故,将亲证之理体,用种种言辞,开种种方便,巧譬曲喻,普令一切众生皆得觉此,悟此,修此,证此。无以名之,名之曰无上正等觉之法耳。实则为众生本具之性,安有所谓法耶!明得此理,便知不应存有法想,存有得想矣。

自性既名清净,可知其本来纤尘不染。譬如杲日晴空,有一点云,便遮障无光矣。故欲性光圆照,须令净无点尘也。一切众生本不知自性是如此清净的。佛既亲证,教令应如是反照,应如是自觉。若不一一依教奉行,何名发觉乎。何以故?有一法在,有一得在,依然是分别执著的老习惯,则其本性依然在障故。故不但一切法不应住,即菩提法亦不应住者,以此。

众生何故有分别执著之病耶？无他,由其不达一真法界,只认识一切法之相故耳。既然是相,则相相不一。以迷于相故,遂不知不觉,随而分别,随而执著耳。殊不知既名曰相,便是时时起变化的。故曰：凡所有相,皆是虚妄。虚妄者,言其是假非真,非谓绝对没有也。而众生不知是假。念念在虚妄之相上,分别执著,故名曰妄念,言其逐于妄相而起念也。或虽知是假,仍复念念不停,使虚妄相,于心纷扰。故名曰妄念,言其虚妄之相随念而起也。故妄念一名,含此二义。对治方便,亦有二种。

（一）离相,如本经前半所言是也。必须彻底觉悟,根身器界一切境相,皆是空花水月。迷著计较,徒增烦恼。并须持戒修福,断其染缘,除其贪嗔。如是观行久久,情执渐薄,妄想亦随而渐少。何以故？所谓妄想者,莫非情执使然耳。是以离相为离念之方便也,此一法也。

（二）离念,如本经后半所言是也。盖以无始来习气之深,虽知相皆虚妄,而攀缘不息,必须于动念处著力,向心源上返观。所有持戒修福六度万行,弥复精进,以历事而炼心。若打得念头死,则一切分别执著自无。而相之有无,更无关系。何以故？能不起念，一切相不离自离故。是以离念为离相之究竟也。此又一法也。

此两种法，可并行而不悖。离相即是离念，离念方能离相，故曰不悖。然离相但离前一重妄念，所谓逐虚妄相而起者也；离念是离后一重妄念，所谓妄相随念而起者也。故须并行。并行者，非拘拘于先离相后离念也。谓离相时兼修离念，则离相方能究竟；离念时兼修离相，则离念更得方便。当同时并行。

总之，众生既为一切法相所迷，从不知返照自性。安知自性是与众生同体；又安知内而五蕴六根，外而山河大地等一切法，皆是唯心所造。此既不知，便不知佛令一切法不应住者，是遣其分别执著取相之病，与一切法并不相干。取相之病若除，则内而五蕴，外而山河等一切法，便如《楞严经》所说：咸是妙净明心，性净明体。何以故？一切法皆只有相而无性。非无性也，一切法之性，即是自性也。何以故？一真法界故。然则又何可遣耶！又何必遣耶！此法法皆如之真实义也。所以《起信论》云："此真如体无有可遣，以一切法悉皆真故。亦无可立，以一切法皆同如故。"须知阿耨多罗三藐三菩提，即真如之异名。若住于此，仍是取相。有所取，便有所立。虽汝将一切法相遣尽，而独立一菩提之相，便非一切法皆如了。何以故？有立便有废故。本性为万法之宗，无所不包，无所不具。立一而废余，便非全性。岂是无上正等，又岂是正觉耶！

此经前半，尽遣一切法相以显菩提者，除其取著一切法之病耳。因恐或犹取著乎菩提，故后半部开章即复遣此。此病既遣，则性德全彰，法法皆如矣。无可遣者矣，亦无可立者矣。行人最后之目的在此。开经以来所说诸义，其归趣亦在此。是故法法皆如一科，为全经中重要之义，亦即一切大乘佛法中重要之义。向后所说，无非阐发此义，证成此义。前半部所说，亦无不趋重此义，摄入此义也。此是世尊将自己亲证者和盘托出，详为开示。俾众生由此而悟，由此而入者也。

故法法皆如，必须一切情执遣尽，唯证方知，非可空言。若或取著之病，分毫不遣，而语人曰一切皆如。则有法法成障焉耳，岂能法法皆如哉！是亦妄人也已矣，妄谈般若，罪至堕落无间者，因其疑误众生，令人因而谤佛谤法，轻视三宝故也。当知法法皆如，若其证到，必能行出，如促无量劫为一刹那，延一刹那为无量劫，以芥子纳须弥，变娑婆为净土。至此事事无碍地位,方许说得此话。一切学人,惟当向法法皆如上观照,以尽遣其我见遍计之执情,以期证入,斯为可耳。岂可生大我慢,轻以一如之言,作口头禅哉!试观本经最后结束处,亦即流通分之初,于说如如不动之后,即接曰:何以故?一切有为法,如梦幻泡影,如露亦如电,应作如是观。正是指示如如不动,应从观一切法如梦如幻中证入。作如梦幻等观者,遣情执也。此皆经中紧要关键所在,不容忽也。

何谓前半部之义,摄入此中耶?今略说之,以启悟门。如曰:若见诸相非相,则见如来。试思若见得相即非相,岂非法法皆如乎。故曰则见如来也。凡言某某非某某,皆是指点此义者。又如信心清净,则生实相。须知因无分别执著,而后心净。心净便生实相。实相者,无相不相之谓也。则法法皆如矣。故曰:应生清净心,应无住生心,应生无住心,应离一切相发菩提行六度,若心有住则为非住也。又如不应取法,不应取非法。不取法者,以一切法皆如,无可立也。不取非法者,以一切法皆真,无可遣也。正所谓法法皆如也。因法法皆如,所以无有定法名阿耨多罗三藐三菩提,亦无有定法如来可说。所以法与非法皆非,皆不可取不可说也。一切贤圣皆以无为法而有差别者,因法法皆如,则法法皆真。《法华》所以言,是法住法位,世间相常住。故一切法清净本然,绝非造作,故曰无为。一切贤圣莫不修此证此。但因功行之浅深,故有成贤成圣之差别。实则一如之法,初何尝有差别哉。其他准以思之。

总之,若领会得法法皆如,而契入之。则亦无所谓空,无所谓有,无所谓中。则亦无妨空,无妨有。且亦无空无假而非中矣。何以故?我见情执之病,既都遣尽。则见相即见性,头头是道,无所不可。故最《胜王》、《维摩诘》等经云:五蕴即是法身,生死即是涅槃,烦恼即是菩提。皆显法法皆如义也。若其少有分别执著未破,则触途成滞,头头不是道,无一而可;纵令一切不著,而犹著一菩提,亦是取相分别,自障觉体。则所谓中者非中,更无论著有偏空矣。凡发心自度度他,以期明性见佛者,扼要之方,全在于此。其方云何?依此经教,离相离念是已。当知此经既为一切诸佛及诸佛阿耨多罗三藐三菩提法所从出,故经中所说,莫非根本义、究竟义。其他千经万论,皆是彰显此义,敷佐此义者耳。今故将此重要之义,委曲详尽,透底宣呈,诸善知识,善思惟之。

(子)次,明法法皆如。分四:(丑)初,约名号明如;次,约果德明如;三,约诸法明如;四,约报身明如。

（丑）初，约名号明如。

"何以故？如来者，即诸法如义。

何以故句，自设问辞。问上文所言，无菩提法，方与授记作佛；无菩提法，方成如来得菩提，其故何也？如来下，自设答辞。若曰：佛称如来，汝亦知如来之义乎？其义非他，正因其离一切法差别之虚相，证一切法一如之真性耳。当知佛不见有诸法差别之相，是之谓如。佛亦不见有一法独异之相，是之谓诸法如。如者，无差别之义，亦不异之义，谓法性无有差异也。法性无有差异者，以其空寂故也。故诸法如义，即法性空寂之义。名为如来者，以其证空寂之性耳。若存有一空寂，便成差异，便非空寂矣，岂名如来乎？故曰：如来者，即诸法如义<small>重读如字</small>。然则发无上正等觉者，岂可存一发觉之相于心，令不空寂乎！

又复说个诸法，是不一也；更说个如，则是不异。不一不异，法性如然。佛称大觉，即是究竟觉此不一不异之法性。故曰：如来者即诸法如义。<small>重读诸法及如。</small>须知因不一故，所以非菩提法不应取；因不异故，所以菩提法亦不应取。前一说，专约体；次一说，兼约体相用。由是观之，定说诸法是诸法，非也。何以故？虽诸法而一如故重读一如。定说诸法非诸法，亦非也。何以故？是诸法之一如故。重读诸法。

其中关键，全视著不著。不著有，诸法不碍一如矣；不著空，一如不碍诸法矣。著于诸法，非如也；著于如，非诸法如也。故如来所说法，皆不可取，不可说。不可取者，诸法之性，唯一真如，无分别故，是平等之差别故。不可说者，真如之性，不离诸法，唯证方知故。于差别见平等故。故发觉者，应离一切诸相，修六度万行。离诸相者，实际理地，不染一尘故；修万行者，佛事门中，不舍一法故。因其诸法一如，故应不舍一法也；因是一如之法，故应不染一尘也。如是觉、如是离、如是修，则法相应、性相应，而得证相应矣。

总之，昧平等，取差别，便心随法转，即非法亦成障碍。于差别，见平等，便法随心转，即法法莫非真如。古德所谓迎宾送客，运水搬柴，行住坐卧，二六时中，于诸法上拈来便是者，是好一幅无事道人行乐图也。当知天下本无事，庸人自扰之。于无空有中，取空有相。于无善恶中，思善思恶。妄相纷飞,岂非自扰。拈来便是,自在何如!古德又云:不悟时,山是山,水是水;悟了时,山不是山,水不是水。山是山,水是水者,只见诸法也;山不是山,水不是水者,惟见一如也。又有悟后歌云:青山还是旧青山。盖谓诸法仍旧也,而见诸法之一如,则青山虽是旧,光景焕然新矣。

如来者诸法如义,似只释一如字,实则来字亦释在内矣。何以言之?有来有去,是差别事相。即诸法之一也。既诸法如,则来亦如矣。一切众生,来而不如。二乘圣人,如而不来。权位菩萨,虽如而未尽如,虽来亦未能遍来。唯佛如来,证性一如,则尽真如际是来,真如无际,故来亦无际;真如不动,故来亦不动。虽名曰来,实则来而无来,无来而来者也。当知名曰如来者,为明其来无来相,故曰如。为明其如无如相,故曰来耳。此节之意,是明约来去之相言,诸法二字摄之矣。约来无来相言,如字摄之矣。兼明诸法如义,是以诸法遣如,以如遣诸法,以显遮照同时之性德。上来所说,皆此义也。引古德云云:非闲言语也,参。

(丑)次,约果德明如。分二:(寅)初,明无法;次,明一如。

（寅）初，明无法。

"若有人言，如来得阿耨多罗三藐三菩提。须菩提！实无有法，佛得阿耨多罗三藐三菩提。

若有者，或有之意。因上文有如来得阿耨多罗三藐三菩提之言，恐不得意者，闻如来即诸法如义，因之怀疑曰：既是如来之义，为诸法一如，则无菩提可得也明矣。何故上言如来得阿耨菩提耶。为遮此疑，故设一或有之言，复呼长老而告之曰：或人所言，盖疑其仍为有法。殊不知实无有法也。但为明其觉已究竟，无以名之，名为佛得阿耨多罗三藐三菩提耳。言下含有，若约性德言，实是诸法一如。故此中不曰如来而曰佛，正明称为得菩提者，意在显其已证无上正等觉，亦即诸法一如之果耳。岂谓有菩提法可得哉，何疑之有。下文更以无实无虚之义，明其说得而实无所得，虽无所得而亦不妨名之曰得，益可了然矣。

（寅）次，明一如。

"须菩提！如来所得阿耨多罗三藐三菩提，于是中无实无虚。

于是中，谓所得中也。意谓，纵许如人所言，如来得菩提。殊不知如来所得者，惟一无实无虚耳。无实无虚，即是诸法如义也。此义当广演说，以便领会。

（一）此与上来所云：如来所得法，此法无实无虚，语虽相仿，意大不同。上是明法真实。谓如来所得之法，乃是实相。实相者，无相无不相。无相，无实也；无不相，无虚也。若究竟言之。实相者，相不相皆无，故曰无实无虚，言虚实皆无也。是为真实之法，以证成上文真实之说也。

此中是明实无有法。既已无法，更何论得？姑如人言，说之曰如来得，而观于是中，并无所得。何以故？以实无有法故。是特假名之得，无实也。然亦无妨说如来得。何以故？以所得惟如故。得此乃称如来，无虚也。此针对前说明义。

（二）阿耨多罗三藐三菩提，即真如觉性之异名。然则如来即诸法如义，犹言称为如来者，因其已证真如觉性耳。足证如来所得，惟是一如矣。故虽名曰所得。而于是所得之中,无实也,何以故？觉性空寂故。亦无虚也,何以故？觉性圆彰故。故曰于是中无实无虚。总之,无有有得之得,是为无实。非无无得之得,是为无虚。此正《中边论》所云："无能取所取,有；有能取所取,无。"亦即《佛性论》所言："由客尘空故,与法界相离。无上法不空,与法界相随"是也。客尘空,故无实。无上法不空,故无虚。须知佛之言此,是明不可闻言得,便疑为有法。不可闻言无法,便疑毕竟无证耳。此约阿耨多罗三藐三菩提明义。

（三）说一无实,是明其照而常寂也。说一无虚,是明其寂而常照也。无实无虚,便是双遮双照,寂照同时。是中一法不生,寂故。复无法不现,照故。一法不生,实无有法也,故无实。无法不现,诸法一如也,故无虚。此之谓阿耨多罗三藐三菩提。如来得者,得此耳。此约寂照同时明义。

（四）无实无虚,即《起信论》如实空义,如实不空义。如实即是真如,因真如为真实之性体,故曰如实。明其诸法一如,是为真实也。《论》明如实空义曰："所言空者从本以来,一切染法不相应故。谓离一切法差别之相,以无虚妄心念故。"此言一切众生心中虽有虚妄之念,及一切能所对待污染不净差别之相,而此如实性体,仍复常恒不变。以本以来一净一染不相应故。不相应者,相离之谓也。云何相离？以从本以来,如实之体,本非虚妄心念故。又曰："当知真如自性,非有相非无相,乃至非一异俱相。总说以有妄心,念念分别,皆不相应,故说为空。若离妄心,实无可空故。"此言,所谓空者,是空其虚妄念、差别相。故曰非有相、非无相乃至非一异俱相。此意是说离相也。若离尽有无、一异等一切对待之四句相,则离虚妄心念矣。此等既离,则真如自性现前矣。故曰：若离妄心,实无可空。明其所谓空者,非谓无真如自性也。然则虚妄心念,云何能离而空之。以所有念念分别之妄心,与真如自性,本不相应故。明其自性本空,故可空也。然妄念染相既空,则真如显现。又明其空而不空也。

其明如实不空义曰："所言不空者,已显法体空无妄故,即是真心常恒不变,净法满足,则名不空。"此言,法体既空诸妄念而无之。便是常恒不变,满足无量净功德法之真心矣,故不空也。法体,即谓一如之真性。所谓真如是也。真如为一切法之体,故曰法体也。《论》又曰："亦无有相可取。以离念境界,唯证相应故。"此言诸法一如之真性为一切法体者,实无有法,亦不应住。以其是离念境界,唯证方知。故曰亦无有相可取,意明其不空而空也。

综上论义观之,如实空者,无实也;如实不空者,无虚也。空而不空,无实即复无虚也;不空而空,无虚即复无实也。此是一切法如如不动之真体。故此中佛说如来所得阿耨多罗三藐三菩提,于是中无实无虚。正是说来诠释上文如来即诸法如义者。且细读论文,明言不空是由空来,可知无虚是由无实来。诸法一如,是由实无有法来矣。以论证经,义趣昭然。又可见所引之两段论文,无异融会本经大旨而说之者。故欲明本经,不得不读起信论也。此约起信论以明义。

(五)无实,可指诸法言。诸法缘生,故无实也。无虚,可指如言。真如不空,故无虚也。诸法之相,虽是缘生而无实。诸法之性,则同一真如而无虚。故曰:于是中无实无虚者,是明如来所得阿耨多罗三藐三菩提,实无有法,亦无所得,但证诸法如义耳。此约诸法如义以明义。

(六)无实无虚,是空有一如,性德本然。如来证此。故说此科,而令众生觉此修此。须知此四字平等平等,不可看成两橛,不可局分前后。若观一切法唯实,凡夫也;若观一切法唯虚,二乘也。即观一切法实中有虚,虚中有实,亦是权位菩萨;唯佛不然,观一切法无实无虚,是整个的。无实即复无虚。无虚即复无实。是之谓诸法一如也。亦即是空有同时也。应如是觉,应如是修。云何修?生无所住心是,离一切相行布施六度,以利益一切众生是。务令离相时,即是利益时;利益时,即是离相时。此即是生无住心,此即是发无上菩提。则虽曰发,而实无菩提之法。如此,庶几与无实无虚诸法一如之觉性相应。盖并无实无虚诸法一如等名相,亦复离却。方为无法,方能相应也。苟非然者,虽曰发菩提,实已忘失菩提。忘失菩提,便成魔事。此吾辈所应时时提撕者也。当知世尊说其自证者,无他。为令读经闻法者,依教奉行耳。<small>此约策修明义。</small>综合上说诸义观之。可知佛说此科之意,凡以明菩提无相而已。以无相故,所以无法发菩提,无法得菩提。故曰无实。以无相故,所以非一法是菩提,乃法法是菩提,是为无虚。故复说下科,以结成此义焉。<small>此约起下明义。</small>

(丑)三,约诸法明如。分二:(寅)初,明即一切法;次,明离一切相。

(寅)初,明即一切法。

"是故如来说一切法皆是佛法。

上言诸法如义,何以见其诸法一如耶。至此,乃结成之曰：以一切法皆是佛法故耳。是故二字，论其近脉，是承无实无虚。而溯其来源，则承诸法如义。意谓，由是诸法缘生而无实，同一如实而无虚，之故，所以如来说一切法皆是佛法。盖由诸法如义，开出无实无虚。即以无实无虚，显明一切皆是。还以一切皆是，证成诸法一如。辗转相生，辗转相释，辗转相成，其实皆明一义。云何一义？应无所住是也。此佛法之所以无一不圆，佛说法之所以无往不妙也。

如来说三字最要，明其是约性而说也。若约相说，一切法只是一切法，岂是佛法。总以明离相观性，则头头是道。《楞严》所以云：五蕴、六入，乃至十八界，皆如来藏妙真如性。古德所以言：窗外黄花，莫非般若；庭前翠竹，尽是真如也。是之谓一切法皆是佛法。总之，世出世法，皆是缘生。知是缘生，而观其不异之性，不变之体，则一切皆是矣，诸法一如矣。否则住法发心，住法修行，则佛法亦非佛法，何况一切法。此中所言之佛法，不可局为佛所说法。佛者，觉义。一切法皆是觉法者，谓法法皆菩提，以明菩提非别有法也。盖离相观性，则是即一切法上，而觉照一真之性。故法法皆是菩提。此约如义言也。若推广言之，凡行世间法时，慈悲为本，皆为利他，不存利己，一一不与佛法有违，亦可云世法即是佛法。若其名为行佛法,而有名利恭敬之心。则佛法亦成世法矣。此科是即一切法以明如,即是明诸法与佛法一如也。正所以遣菩提法相,以一切法皆是故。然一法相遣,一切法相皆应遣。故下科又遣一切法。

(寅)次,明离一切相。

"须菩提!所言一切法者,即非一切法,是故名一切法。

此科是遣一切法,即以证成其皆是佛法也。何故言一切法皆是佛法耶?以其即非一切法故。即非者,约性言也。约性而言,明其不应著相,故曰即非。知其即非,而不著相,则是佛法而非一切法矣。故曰皆是佛法。既皆佛法,何故又标而名之曰一切法耶,以其不无一切法之假名故。是名者,约相言也。约相而言,意在会归于性,故曰是名。知是假名,而归于性。虽名一切法而皆是佛法矣。故曰一切法皆是佛法。盖领会得一切法即非,便知其只是假名;领会得一切法是名,便知其即非真实。是已不作一切法会,而作佛法会矣。此一切法皆是佛法之所以然也。当知即非、是名,合而言之,凡以明无实无虚,空有同时之义耳。世尊说此,是教行人于行、住、坐、卧,二六时中,对境随缘,皆应作如是观。则处处皆是道场,事事增长菩提,此之谓无量印法门。又复此科是离一切相以明如,即是明诸法与诸法一如也。因一切法皆如,故一切法是佛法耳。

上来所云:诸法如义,无实无虚,一切皆是,一切即非,一切是名,总以阐明觉性清净而已。清净觉性,了无色相。故得菩提,实无有法。而色相空时,即觉性显时。故得菩提,亦属非虚。既非虚而又无实法,正好借一切法以历事练心,尽空诸相,又何必于一切法外觅见菩提。何以故?《心经》云:是诸法空相,不生不灭,不垢不净,不增不减。岂非无上菩提,宛然在望乎。总之,自性如摩尼珠,随方现色。喻诸法本自性显现。而珠中却色相毫无。喻即非一切法。佛法如家常饭,自应饱餐。而餐者当注重消化。喻菩提亦不应住。是在当人惺惺常觉,不即不离,则随地随时,皆可得真实受用矣。

佛所说法,说理便摄有事,说性便摄有修。此法法皆如一大科,皆说自觉圣智,令学人依之起观照者也。必须离相离念,方能契入。云何可讲!讲之便落名相矣。然又不能不讲。故说修功处,只好用旁敲侧击方法,以演说之。听者须于无字句处领会。向后所说，莫不如此，着眼着眼。

（丑）四，约报身明如。

"须菩提！譬如人身长大。"须菩提言："世尊！如来说，人身长大，则为非大身，是名大身。"

譬如人身长大，即前解分中所言，譬如有人身如须弥山王也。身如须弥，故曰长大。盖指佛之报身言也。因前已说过，长老深知其义。故不待辞毕，即申明其义曰：则为非大身，是名大身也。是名者，明其不无长大身相。则非者，明其既曰长大，尚落数量。应离相观之，则法身无边，乃为绝对之大耳。长老所以不待辞之毕者，令人晓然，此即前曾说过之身如须弥山王也。曰如来说者，正以明报身与法身一如也。此科乍观之，似与上三科无涉。实则上三科之义，得此科而后彻底显了。盖上来约名号、约果德、约诸法，以明如，皆是法说。此约报身明如，则是喻说，故曰譬如。恐闻法说不了然者，因喻说而得了然也。当知上之法说，但明其理。此之喻说，乃是实据。得事实以证明之，其理益信而有征。此所以殿以此科也。欲知究竟，须先明法身报身之义。

法身有二义：

（一）所谓法身者，即是清净自性。名为自性法身。此即佛与众生所同具。所谓同体之性，亦即一切法所莫外之真如。但众生在障，未能圆显。故约众生言，又名在障真如，亦名在缠法身。

（二）一切诸佛，经无量劫勤修万行，福慧庄严，令此自性智慧光明，圆满显现。此名出障法身，亦名出障真如，又名报得法身。谓法身出障，为勤修万行所得之果报。即果报身也。盖约相言，则名报身。故此中云是名大身。谓长大，是约名相言也。若约性言，即是出障法身。法身非相，不落长短大小数量，故此中曰则为非大身。足见报身与法身，不一不异矣。一约相言，一约性言，故不一。然实是一身，故不异。由是之故，报身亦有二义：

（一）就其离一切障，净德满足言，曰自报身。即出障法身，报得法身也。谓修因证果，自度已竟，故曰自报身。

（二）若就其遍一切境，光明普照言，曰他报身。盖法身现报得之相，原为利他，故曰他报身。可见自报、他报，亦是不一不异。一约自得受用言，一约令他受用言，故不一。然仍是一身，故不异。由此足见名皆假立，亦足见性相从来不离矣。

举此为言,不外二意:释疑、证义是也。谓释不得意者之疑,即以证成上说诸义。盖防闻上三科所说未能融会者,将起疑曰:既明明是一切法,何以皆是佛法。既是一如,何以又有诸法。无实无虚,究竟云何?且屡言实无有法,而佛之报身,光明相好,原为无量功德法所成,非明明有法相乎?既无实法可得,而得此报身,非实法乎?

殊不知一切法,本是真如自性随缘所现,若不著诸法之相,则见诸法时,便见诸法之性。譬如报身,亦即出障法身显现之相也。显相者,所以利他也。而不著报身之相,便见法身之性,两不相碍。故虽有诸法,而实是一如也。虽为一如,而不妨有诸法也。须知如来所得无实无虚者,以其唯证寂照同时之清净觉性故也。譬如报身,虽相好光明,而不碍自性清净。且因自性清净,所以相好光明。此非觉性之寂照同时,无实无虚乎?

推之一切法,原非真实,皆是假名。然知是假名,则知其是真如之相矣。知其即非,则知其皆真如之性矣。譬如报身,亦是假名长大,不过真如法身之光影耳。所以即非长大,当观清净真如之自性也。盖不观相而观性,则报身即是法身。故一切法皆是佛法。总之,言无法,言离相者,为遣住法住相之病，非谓绝对无法无相。言无法可得者，谓得而不存得想。非，毕竟无得。须知不应住著者，因诸法是一如故，无虚而无实故。非毕竟无法、无相、无得者。因即诸法而一如故，无实而无虚故，明得此义，则一切法皆是佛法矣。此义不明，则佛法亦非佛法矣。故报身法身不一不异之理，不可不明。

明乎不一不异，则知非有法、非无法，非有相、非无相，非有得、非无得；而诸法如义，以及无实无虚，一切皆是等义，便可彻底了然。何以故？因其不一，故成诸法而无实，所以曰即非也；因其不异，故为一如而无虚，所以曰皆是也。知于不异中见不一，则虽一如而不碍其为诸法；知于不一中见不异，则虽诸法而不碍其为一如。且不一时便不异，不异时便不一，故曰无实无虚。明其虚实皆不可说，故皆曰无也。又复不一，故虽是而曰名。不异，故虽名而曰是。虽不一而实不异，故既曰是名，又曰皆是；虽不异而实不一，故既曰皆是，又曰是名。总而言之，相虽不一，性则不异。故一切法皆是佛法也。性固不异，相仍不一。故即非一切法，是名一切法也。世尊因报身与法身不一不异，最为明显。而不一不异之理，可以会通上三科所说诸义。此所以最后又举报身明之。俾法法皆如之义,彻底圆彰也。

前解分中举报身言者,是证明应无所住而生其心。盖得此报身之果,犹曰非身,是名。是佛不住此身也。故菩萨修因时应无所住,然而非无此胜妙大身也。此身正由六度万行福慧之所庄严也,故修因时应无住而生六度之心。此中则是以报法二身不一不异,显成法法皆如之义。故所说虽同,而命意不同。

此法法皆如一大科,极显果德。显果德,为明因行也。故下科接以明因焉。

(癸)次,明因。分二:(子)初,正遣法执;次,令达无我。(子)初,又二:(丑)初,约度生遣;次,约严土遣。(丑)初,又二:(寅)初,标遣;次,征释。

(寅)初,标遣。

"须菩提!菩萨亦如是。若作是言,我当灭度无量众生,则不名菩萨。

如是,指上法法皆如一大科,谓佛为菩萨准绳。勿谓法法皆如,是佛所证,非我所及。当知佛能如是证者,由其因地如是修。故一切发觉初心之菩萨，亦应如是体会法法皆如之义，而于法无住也。

如是二字，既通指上科，则如字便可作诸法一如会，是字便可作一切皆是会。合而观之，便是无实无虚。一切诸法，无实也；皆是一如，无虚也。盖谓菩萨修因，为克胜果。果报身如，亦应因地心如。必须与一切诸法之无实相应，而一法不执；复与皆是一如之无虚相应，而一法不废。且不执时，即不废；不废时，即不执。如是如是，虚实俱无。则因如是者，亦必果如是矣。

菩萨亦如是句，是度生严土两科之总标，皆应如是也。云何度生？离相行六度是；云何严土？亦离相行六度是。所谓福慧庄严也。故应广行六度，而一法不废。更应不著六度之相，而一法不执。不废不执，方有菩萨资格。故皆应如是。若作是言下，反言以明。若不如是，便失菩萨资格矣。

我当灭度无量众生，此与前文所说我应灭度一切众生，正复相同。前曰当生如是心，明明为世尊教令如是者。今乃曰则不名菩萨，何耶？此中义蕴深细，略分三层以说明之：

（一）须知前令生如是应分尽责心者，遣其自以为是菩提之心也。然不著菩提矣，而又自以为尽责。虽换一面貌，而取法仍同也，住相仍同也。分别执著，依然故我，如何其可？故仍斥之曰：则不名菩萨。则字紧切。少有此念在心，菩萨资格便失却矣。必须微密观照，微密勘验，层层入细，遣之又遣。直令此心一念不生，净无点尘；灭度无量，若无其事。庶几与一如之义相应耳。少有念在，便已著相，便已取法，便是分别，仍为我见也。

（二）前之开示，不但令知度生为应尽之责，以遣其著于菩提已也。且令应知此责终未能尽，所谓度一切众生已，众生既无已时，责又何尝能尽？是并遣其能度之见也。更令应知度亦等于未度，所谓无一众生实灭度者。是又遣其所度之见也。开示之语，是彻底的，是圆满的。今此公将开示的话，忘了两句，只牢牢抱住头一句，岂非俨然自以为能尽此责，且大有所度乎。我当灭度无量，其一种自矜自负，目空一切之态，宛然在目，岂是菩萨？此病必应痛遣，故直斥之曰：则不名菩萨。世尊如此说之，复有深旨。盖令读经闻法者，必须彻底贯通，不可挂一漏万，不可执偏概全，不可断章取义也。

（三）此人复有大病。病在作是言也，无论大言不惭，是所不应。即令言能副实，而动自标榜。其著于名闻，心不清净可知。且言为心声。作如是言者，因其作如是念也。念犹未息,了生死且未能,而谓菩萨如此乎! 世尊言此,是令发大悲心者,应于离念上加功。妄念不息,真心永障。有悲无智,岂能度他。且念云何起? 起于人我分别之见之犹存也,故不名菩萨也。

(寅)次,征释。分二:(卯)初,释无法;次,释无我。

(卯)初,释无法。

"何以故? 须菩提! 无有法名为菩萨。

流通本,作实无有法名为菩萨。唐人写经及肇公、慧公注本,皆无实字,应从之。未见古本时,于此句义,亦囫囵看过。及见古本,犹以为实无有法名为菩萨,与前之实无有法名阿罗汉,句法相同。有一实字,未尝不可。乃静会前后经义,始知绝不相类,始知原本之妙。盖前明四果无念,皆是透过一层以见意。因问辞皆曰能作是念我得果否。故答辞曰须陀洹名为入流而无所入。盖谓虽名为入流,然心中尚无所谓入,岂有所谓流。则绝无我得入流之念可知。斯陀含、阿那含,说法一律。故下皆接曰是名某某。以显所谓入流也,一往来也，不来也，皆是假名。初无此念也。阿罗汉之义为无生，言其证无生法忍也。既是一法不生，故曰实无有法。盖谓其心并法亦无，岂有所谓无生。然则名为无生者，但假名耳。岂有此念乎？故曰名阿罗汉。此中是明不名菩萨之故，由其心有能度所度之见，便是取法。取法便著我人等相，乃是凡夫。故有法名为菩萨，断断无之。无须透过一层，方能显意。故句法与前别也。无有法名为菩萨句，有两种读法：

（一）无字略断，下六字一气读之。经意盖谓，何故不名菩萨耶。因反言以释之曰：有法名为菩萨，佛无此说也。故下紧接曰：是故佛说一切法无我人众寿。以明有法便著我人分别，便违佛说，便是凡夫。所以无有，有法名为菩萨者。盖以本科之无有法名菩萨，释成上科不名菩萨之故。又以下科之法无我，释成本科无有法名菩萨之故。所谓辗转释成也。

（二）七字作一句读。如唐圭峰法师疏云：无法名菩萨，岂有我度众生。盖谓尚无名为菩萨之法，岂有我度众生之相。意显上文我当度众生之言，是取著度众生为成菩萨之法也。晋时肇公注云：菩萨自无，何有众生。自无者，尚无也。意谓菩萨众生皆是假名，尚无能度之菩萨，何有所度之众生乎。则不应取著度众生也明矣。观此注意，法字更看得活。犹言没有法子名为菩萨耳。总之，古注多明大义，不斤斤于前后上下之词气语脉。故读古注，亦当遗貌取神，善于领会也。

（卯）次，释无我。

"是故佛说一切法无我无人无众生无寿者。

是故者，承上起下。盖欲释成无法名菩萨之故，乃申明佛说一切法无我之理也。佛说一切法无我人众寿。当知众生之见，无非分别。分别便有能所对待。约能见言，便是我；约所见言，便是人；能所之见差别丛生，是为众生。此约横言也。能所之见，继续不断，是为寿者。此约竖言也。

分别妄心，多不胜数。以能所横竖收之，罄无不尽。本经所以于种种见种种相中，独举此四为言也。然分别起于著我，故开之为四，合之则惟一我见而已。殊不知一切法本来无我，无差别也。

此佛说句，含义甚多。当作两种读法以明之：

（一）说字断句。谓一切法无我之理，为佛所说也。凡一切法，皆是缘会则生，生即无生。盖所谓生者，不过缘会之幻相耳。安有实法。故曰生即无生。此佛常宣说者也。生即无生，那有我人差别乎。当知凡有我人差别者，病在凡夫之取著。一切法中，安有此事。故前云：若心取相，则为著我人众寿也。若其不取，则无能无所，一相不生矣。然则菩萨曰我当灭度众生，便是取著六度之法。便我人对待，四相宛然。此凡夫耳。岂名菩萨。故有法名为菩萨，决无此理。

（二）法字断句。谓佛说之一切法，本无我人差别也。此中又当开两义说之。（甲）凡佛所说，皆是说其所证。而佛所证者，唯是诸法一如。故佛说之一切法，莫非令人泯对待分别之法相，悟平等一如之法性者。觉此觉性，可名菩萨。若存有法相，便是我执，便成对待，便是分别，何名为觉。故有法名为菩萨，揆之佛说，初无此义也。（乙）佛说一切法，皆是令闻者无人我，无法我，除分别心。因一真法界，本无我人等分别，有此分别，乃成众生。佛为度众生而说法。所以一切法，无非说一真法界之义，令除我执者。故一法不应取，取即著我人众寿。菩萨者，学佛者也。若取著六度等法，何名学佛乎。何以故？有法名菩萨，佛无此说故。此中不曰如来说，而曰佛说，正为显因果一如之理。佛，果人也。菩萨，因人也。果人既如是说，因人当如是学也。总之，一切众生，性本同体，本无尔我对待之分。故说众生，则菩萨亦众生。说菩萨，则众生亦菩萨。众生本来是佛，况菩萨乎。

且生本无生，何所谓度？度亦自度，何名度生。譬如头燃，手必救之。虽至愚者，亦无不救之理。然而决无能救所救之分别者，知能救即是所救，所救即是能救故。菩萨与一切众生，亦复如是。故佛说一切法无我、人、众、寿，令闻者当观同体之性也。若作是言：我当灭度无量众生，岂非我见人见众生见乎？此见一日不除，非寿者见乎。分别如此，执著如此，是于性本同体，诸法一如之义，完全隔膜，显违佛说，尚自居为菩萨乎？乃曰当度无量，恐三五众生亦不能度也。何以故？既已我为我，众生为众生，则遇受其度者，势必自矜自喜。不受度者，势必轻视憎嫌。遇他之行六度者，又必争竞猜忌。辗转情执，自缚自缠。汝自己方且向烦恼恶见稠林中走入，尚曰度众生乎？尚得名菩萨乎？所以有法名菩萨，断断无此事理。凡发正觉者，必应将佛说一切法无我人众寿即是诸法一如的道理，切实体会。虽广修六度，而一法不执。庶几心空妄念而无实，功不唐捐而无虚耳。

此无我一科，既以结上文，亦以起下文。盖下科即非庄严是名庄严，亦是说法性无差别义者。与此科所说之义，相贯通也。

（丑）次，约严土遣。分二：（寅）初，标遣；次，征释。

（寅）初，标遣。

"须菩提！若菩萨作是言：我当庄严佛土。是不名菩萨。

菩萨修行六度，无非上求下化。上来已约度生明下化，故此科复约严土明上求。上求者，所谓上求觉道也。然上求觉道，亦为下化众生。盖菩萨发心，唯一在利益众生而已。此中所说之病，亦与度生中相同。病在作言我当是也。凡上科所说种种过咎，皆通于此，毋庸更赘。总之，作言，便动念矣。我当，便执见矣。起念、著见如是，全是凡情，何名菩萨。故曰是不名菩萨。

（寅）次，征释。

"何以故？如来说：庄严佛土者，即非庄严，是名庄严。

何以故者，问不名菩萨之故也。即非，是名，仍如前说，所谓不著相会归性是也。即此两言，其不名菩萨之故，已甚了然。盖由其著相昧性，所以不名菩萨耳。

庄严佛土，前曾说过。然此中所明之义，与前不同。不同在如来说三字。如来说者，明其约性而说，则诸法一如，不应少存分别执著之情见也。前之举此为言，是为显应无住而生心之义，使知于不执时却不废。今之举此为言，是为明应生心而无住之义，前云：当生如是心。今此度生严土两科，则教以虽当生如是心，而亦不应住也。使知于不废时即不执。盖前是令发菩萨心者，离相以修福慧。今是令行菩萨道者，于修福慧时，不存此是福慧之见也。前后浅深，大有区别。须知佛即是心，所谓是心是佛。土即是地，佛土犹言心地。所谓庄严者，因众生自无始来，此清净心，被一切染法横生障碍。本来空寂者，全然纷扰；本来光明者，全然昏暗。故令发广大愿，以扩其量；修六度行，以除其私。离相离念，将所有分别执著等等凡情俗见，痛加扫除，细为洗刷。譬如地上障碍之物，秽染之污，一扫而空之，以复其空寂光明之旧观。无以名之，名之曰庄严耳，实则无所谓庄严也。今作言曰我当庄严，横此一见于心地中，便不空寂，便障光明，尚得谓之庄严乎。于性体上全无领会，违如来说，故曰是不名菩萨也。必须深解即非是名之旨，离相会性，一如不动。虽炽然庄严，而忘其为庄严。庶几与空寂之性相应。既空且寂，光明自显。庄严佛土，如是如是，菩萨其知之！

广度众生，<small>上言灭度无量。</small>是广度义。大悲也。清净心地，<small>庄严佛土，彻底言之，</small>便是清净心地。大智也。大悲大智，所谓无上菩提也。合此度生严土两科所说之义，是明发菩提者，不可存一此是大悲大智之念也。若少存此念，便是法执，便非菩提矣。两曰不名菩萨，正是结成开章时所云：实无有法发阿耨多罗三藐三菩提者之义也。章法极其严密，义意极其圆满。

（子）次，令达无我。分二：（丑）初，标示通达；次，开佛知见。

（丑）初，标示通达。

"须菩提！若菩萨通达无我法者，如来说名真是菩萨。

此科之文，从来多作结上会。然细寻语脉，前云佛说一切法无我，是显法性无差别义，所以结度生不应取法也；上云即非庄严是名庄严，亦是显法性无差别义，所以结严土不应取法也。法性既无差别，故一法皆不应住。则并实无有法发菩提之义，亦一并结成矣，无须重结。又复细味后文，则知先举佛说一切法无我者，是为此科令通达无我法作一引案。迨说至后第四大科证分中，则云知一切法无我得成于忍，是为此科作结。今将开示佛之知见，令其通达，故先安此科曰：若菩萨通达无我法云云，以为标示。章法井井，一气贯通。故判此科为标示之辞，则前后融洽。若但视为结上，则气脉不联，精神不聚矣。

无我法，即是法无我。但不无区别者。证得诸法之一如，则谓之法无我；通达一如之诸法，则谓之无我法。即如上文佛说一切法无我者，因佛已证无我理，具无我智，能于一切法中无我，故曰法无我。后归结处曰：知一切法无我得成于忍,是明其不但于一切法能知无我,且安忍于无我矣,故亦曰法无我。此处是令通达本来无我之一切法,故曰无我法也。

当知法执之病,病在为我见所障耳。一切法中,何尝有我?今令通达,是令除障。我见之障除,则证本来无我之法性。故通达无我法之言,犹言去分别之妄心,见本无分别之真性耳。总之,一切法皆无我,则一切皆无我法。故自著衣持钵,入城乞食,乃至还至本处,敷座而坐,皆所以表示无我之法也。何以故?世尊本无需乎衣食,为众生故,一年三百六十[五——编者加]日,乃至四十九年,在尘劳中打混。非廓然无我,忘其为佛,而能如此乎。此正诸法一如,一切法皆是佛法的气象。亦正是如来所得阿耨多罗三藐三菩提,而于是中无实无虚的真凭实据也。此长老须菩提,所以在大众中从座而起,顶礼赞叹曰:希有世尊!如来善护念善付嘱诸菩萨也。以如来而日日在尘劳打混,不离众生故曰善护念。且即以随缘度日,忘其为我之法,日日如是行不言之教,故曰善付嘱。惜乎只长老一人善能通达,其余大众皆瞢然罔觉耳。于是长老不得已,详请开示。而自诸菩萨应降伏其心说起,逐层逐层,说至上科,皆是令破我执。则所说者,即无一不是无我之法，即皆应通达也。

然则今云通达无我法，即指上来所说者乎？抑别有无我法乎？须知非别有法，非别无法。何以故？一切法皆无我故。不得独云上来者是，此外皆非也。若其善能通达，即不必待世尊开口，于随缘度日穿衣吃饭时，早已彻底通达矣。惟其不能，故有上说诸法。而我世尊大慈大悲，悯念一切众生，恐其虽闻诸法，犹复未能通达。今将更说根本方便，令得通达。故于此处，承上佛说一切法无我之义，特为标示之曰：若菩萨通达无我法者，如来说名真是菩萨。令大众振作精神，谛听下文，不致视同常谈，忽略放过耳。

云何根本方便，即下文开佛知见是也。凡学佛人，虽知我见之害，然以病根太深，除之不得。明明学无我法，而仍故步自封，处处著我。然则奈何？唯有将佛之知见极力灌输，以化其旧日之凡情俗见，庶几前后所说之无我法，皆得通达耳。由是言之，谓开佛知见，尤为无我之妙法可也。可见开佛知见中所明之义，在全经中，尤占重要位置。其义必须先为彻底通达矣。虽然，法即非法。若闻开佛知见，而有一知见存，便又成法执。又是我见。岂佛知佛见哉！此理当深长思也。通达者,四通八达,无有障碍之意。通达,即所谓开也。众生于一切法,动生障碍,不能通达者,因偏执故。偏执即我见也。今令开佛圆见,圆则不执矣;开佛正知,正则不偏矣。故欲开通无我之智慧,达到无我之理体,必先通达其知见,俾得见无不圆,知无不正,非根本方便乎!总以明进修之方,首当开解,去其偏执而已。

如来说名真是菩萨者,谓若通达无我法,则通达诸法一如矣,故曰如来说,故曰真是。然性体空寂,那有菩萨名相,故曰说名。使知所谓真是菩萨,亦言说之假名耳。亦不可执。执则又不空寂,而非一如矣。

无我法,亦可分为无我、无法。然无论人我、法我,总一我执。而法我细于人我。法我无,人我自无,故不必局分二事说之。

(丑)次,开佛知见。分二:(寅)初,明圆见;次,明正知。(寅)初,又二:(卯)初,明不执一;次,明不执异。

(卯)初,明不执一。

"须菩提！于意云何？如来有肉眼不？""如是，世尊！如来有肉眼。""须菩提！于意云何？如来有天眼不？""如是，世尊！如来有天眼。""须菩提！于意云何？如来有慧眼不？""如是，世尊！如来有慧眼。""须菩提！于意云何？如来有法眼不？""如是，世尊！如来有法眼。""须菩提！于意云何？如来有佛眼不？""如是，世尊！如来有佛眼。"

此见不局指眼见，犹言见地耳。知见皆从理智出，原非异体。理谓理体，即本性也。理智者，性具之智，明其非外来也。但约有所表现言，曰见。约了了于内言，曰知。故不可强分为二，亦不可定说为一。又知见互相资，知之者深，其见地自不浅。然若不破其旧见，亦不能启其新知。故文中先说见，次说知。

兹先说五眼之名相，再明佛说五眼之旨趣。

肉眼者，即此血肉之躯所具之眼。盖胜义净根，依肉体而有所照见，名曰肉眼。此眼所见有限，惟能见障内对障外言。之色。胜义净根者，清净见性之别名也。所见有限者，为烦恼所障故也。

天眼，有由业力得者，如欲天以福业得之。有由定力得者，色天、无色天、皆是定力。定力者，谓作观想，想障外境。障外，对肉眼所见之障内言。观想成故，见障外事。即肉眼不能见之事。名为天眼。不必定生天也。即在人间，得此定力，便能有之。此指专修此定而言。若生欲天者之天眼，则是由修福业而得。生色天以上之天眼，或由修他种定而得，则皆为报得也。凡夫齐此二眼。若慧眼以上，非修出世法不能有。

慧眼者，以根本智，照见真空之理。亦名真谛。智即是慧，故名慧眼。根本智，异名甚多。如实智、真智、正体智、如理智等等，以其能生起后得智，故名根本智。二乘圣贤，所见齐此。得此则天眼亦得，而过于天眼，能见天眼所不能见。然亦有所限，不及佛之慧眼也。

法眼者，以后得智，照见差别之事。即是俗谛。亦有种种异名。如权智、俗智、遍智、如量智等等，以得根本智后，方能得之，故名后得智。得此智者，不但证真空理，通一切佛法，并通世俗一切法，及通一切众生因因果果，起心动念等差别事相，故名法眼。然犹不及佛之法眼也。菩萨所见齐此。前三种眼，菩萨皆有，自不待言，惟无佛眼耳。

佛眼者，智无不极，照无不圆。惟佛有之。故名佛眼。古德有颂云：天眼通非碍，肉眼碍非通，法眼能观俗，慧眼了真空，佛眼如千日，照异体还同。照异体还同者，谓但约照见之殊胜，名为佛眼。实则其体非于前四之外别有也。故前四约佛边言，虽名肉眼，而见无数世界。不同凡夫之有所限，只见障内也。以天眼言，凡夫天眼，只见肉眼所不能见。二乘天眼，惟见一三千大千世界。菩萨天眼，虽胜二乘而不及佛。惟佛之天眼，能见恒河沙数佛土。以慧眼言，二乘慧眼，惟能照见我空。地上菩萨慧眼，亦是分证法空。佛之慧眼，则圆照三空，洞彻真性。以法眼言，菩萨法眼，所知障未尽，地地之中，各有分限。惟佛法眼，所知障尽，无法不知，故无生不度也。由是可知约佛边言，不过名为四眼，表其随感斯应耳。其实惟一佛眼而已。故古德曰：前四在佛，总名佛眼也。

佛眼智无不极，照无不圆者。以俗谛言，遍河沙世界雨滴点数，悉知悉见。其他可想矣。故自无始来穷未来际，遍虚空，尽法界，一切众生，乃至一极微细众生，死此生彼，根性族类，以及起心动念，前因后果，千差万别极微细之事相，无不悉知，无不悉见。以真谛言，声闻定多慧少，故但照我空，不见佛性。菩萨慧多定少，虽见佛性，而犹未尽明。盖证佛性,以慧为因,以定为缘。因亲缘疏,故定多不及慧多。然定慧既未均等,故菩萨但分证法空,分见佛性。唯佛与佛,定慧均等,了了见性,如观掌中庵摩勒果也。以上释名相竟。

佛说五眼,其旨云何?盖借五眼以明佛见圆融也。此科文相最奇,突然而起,陡然而止。平叙五眼,此外不著一字,意义甚难领会。必合上科并读之,乃知是令通达佛见。下文知字,是令开佛知。所以须判上科为总标也。

举一佛眼,便摄四眼。今乃一一遍举四眼而问,皆答云有者。正明不执一见也。若四眼皆答无,惟佛眼答有。是独执一佛眼,岂佛之圆见乎!岂法无我乎!长老深解义趣,通达无我法,故不如是答也。约佛边言,肉眼、天眼、慧眼、法眼,一一殊胜,合此四眼,即是佛眼。乃复举佛眼而问,亦答云有者。正明非四眼外,别有佛眼。非佛眼外,别有四眼。非一一眼外,别有一一眼。然随感斯应,亦何妨有一一眼。盖遍举五眼者,意显不一而一,一而不一。见见皆圆,无所谓一见非一见也。然则谓之见而不见,可;谓之不见而见,亦无不可。亦即谓之不有而有,有而不有也,皆无不可。此不执一之极致也。故答辞皆先曰如是,后曰有。盖明既见一如,则有见皆是矣。何以故?见见如故。

问答皆言如来有者，总以明见性圆明，有如圆镜。胡来胡现，汉来汉现，初无容心。正所谓不有而有，有而不有也。譬如分一池为五池，池各现月。月随池而成五，月无容心也。一而不一也。若通五池为一池，则现一月。月随池而成一，月亦无容心也。不一而一也。佛眼五眼，如是如是。此正显一切法无我之义。菩萨应开如是见，通达如是无我法也。云何通达。惟在不执己见，更不执一见而已。云何能不执，首当大开圆解，令其见地彻底，则执情自薄。即复力除习气，离相离念，证得诸法一如，方为究竟耳。

于意云何？是探其见地如何。一一答如是如来有，足证长老已于一如之理，通达无碍。经中凡言于意云何，皆是探询见地之辞也。凡言若作是念、能作是念否、莫作是念、汝勿谓作是念等等，皆是破其执见，令开圆见也。

（卯）次，明不执异。

"须菩提，于意云何？恒河中所有沙，佛说是沙不？""如是，世尊！如来说是沙。"

恒河上，流通本有如字，为古本所无。应从古本。因有一如字,多认为是说譬喻。不过藉以引起下文耳,而不知其是说实话。殊不知佛说此科,合诸上科,乃以明大乘佛法紧要之义,正是佛之圆见。所谓开佛见者,开此。以误认故,遂致一齐抹煞。一字之差,出入悬远,真可叹也。

如是世尊两句,是长老答辞。河沙微细,有如微尘。前云:诸微尘,如来说非微尘,是名微尘。则恒河沙,如来亦必说非沙,是名为沙矣。何以故?此经遣相,尚云般若非般若,何况乎沙。今乃不然,如来说是沙者。若不著相,则见相即见性矣,又何必说不是沙乎,此一义也。又复下半部正明一切皆是,以遣微细之执。即俱生我法二执,故虽沙之琐琐,亦不说非而但说是,此又一义也。然而佛说此科,所谓合诸上五眼一科,以明大乘要义者,尚不在此。

须知此科之义,乃显佛眼因洞见一切法差别事相,不坏俗谛。故世俗既说是沙,如来亦随俗而说沙,以明如来之不执异见也。长老与佛心心相印,故答曰如是。既证诸法一如,则何说而不是乎。故曰如来说是沙也。

如来说是沙者,盖明是沙之言,乃如来说。即是依如义而说,岂同凡夫说耶?何以故?凡夫说是沙,则执以为实。如来说是沙,乃是即非是,非是而是。此其所以不执异见,而说是沙耳。经中凡说如是,皆含有此义,可静心会之。

此不执一,不执异两科,含义渊微,须逐层披剥之。以此见不开,执情难遣。急当参究,令其通达,万不容忽者也。

当知不一不异之义,便是法法皆如,此正佛之所证所得。前于说法法皆如时,亦已广谈。既为佛之亲证,即是佛之圆见。然而佛如是证得,由其在因地时已能开此圆见故也。开此圆见,乃能虽见而不立见,乃能于一切法不执而无我,乃能如是如是究竟证得之耳。所以一切菩萨修因时,亦应如是开之。何以故?一异不执,是破除我见之慧剑故。

当知我见难除,不外两种理由:(一)见理不明。(二)自以为是。初因见理不明而自是,继因自是而见愈不明。二者盖互相资助,互相增长。然其病根,则惟一见理不明而已。自是则由不明而生者也。其互相助长,盖后起之状。故欲破我,首当明理。开佛圆见者,彻明其理之谓也。先说五眼以明不执一见者,为见理不明者说法也。继说河沙以明不执异见者,为自以为是者说法也。

见理不明者,非谓其一无见也。但主一见为高,遂为此一所蔽,则高者不高矣。有如五眼,自以佛眼最高。而不知正以四眼一一殊胜,故称佛眼。此如来所以不执一见,而圆具五眼也,执一者其知之。自以为是者,非谓其绝不是也。但欲独伸己是,而不与众见苟同,则是者非是矣。有如河沙,言性固非,言相何尝不是。相者即性之相,奚必废相以明性。此如来所以不执异见,而说是沙也,执异者其知之。总之,于见有所执者,则有所立。于是或一或异,不偏于此,即偏于彼,盖著我之所致也。今教以一异俱不可执,见将从何安立?则我亦与俱化矣,非除我之慧剑乎。

不一不异之义,为般若之纲宗,佛法之要领,可以贯通一切法。故此经令通达无我法者先通达乎此也。此句,开之则为八不、十不、十二不、十四不。如《大智度论》云:"不生不灭,不断不常,不一不异,不去不来,因缘生法,灭诸戏论。"因缘生法,犹言诸法缘生,亦犹言因果。盖因缘生法者,因缘所生之法也,法即因生之果也。故因缘生法,简言之,即是因果。此言一切法皆是因果。故一切法皆是不生不灭,不断不常,不一不异,不去不来。此所谓八不也。若不明八不之义,便不明因果,则所言皆成戏论。正显八不因果之义,为正论正见也。缘生之法,正是生灭,何云不生不灭?不知缘聚则生,缘散则灭,约法相言耳。见法相之生灭,足证法性本不生灭矣。不去不来,亦约法性言也。因因果果,永永不息,故不断。因而成果，果又为因，故不常。一切法各有因果，故不一。一切法不外因果，故不异也。八不义若专约因果发挥，可成专书。兹不过略说之耳。

《智论》又云："观一切法不生不灭，不增不减，不垢不净，不来不去，不一不异，不常不断，非有非无。"此言十四不也。若将非有非无句，作为解释不生不灭等六句之义者，则为十二不。《中论》亦说八不曰："不生亦不灭，不常亦不断，不一亦不异，不来亦不出，能说是因缘，善灭诸戏论。"不出即不去之意。此二论皆龙树菩萨作以明般若者。嘉祥大师《大乘玄论》云："八不者。是诸佛之中心，诸圣之行处。竖贯众经，横通诸论。"其《中论疏》则云："是正观之旨归，方等之心骨。定佛法之偏正，示得失之根原。迷之，则八万法藏，冥若夜游。悟之，则十二部经，如对白日。"诚以如是句义，正是开人佛知佛见，以除其从来执著之妄想妄计者。凡佛所说，皆明此义。所谓第一义也，胜义也，中道也。此义若未通达，则佛法之宗旨不明，何以圆修圆证？故曰诸佛中心，诸圣行处，迷之则若夜游，悟之则见白日也。

然龙树实本诸《本业》、《璎珞》等经，但次第少不同耳。经曰："二谛义者，不一亦不二，不常亦不断，不来亦不去，不生亦不灭。"不二者,不异也。二谛者,真谛谓法性,俗谛谓法相也。经以八不明二谛,论以八不明缘生,因此义贯一切法故也。《大涅槃经》则说十不曰:"十二因缘,不出不灭,不常不断,非一非二,不来不去,非因非果。"不出不灭,即不生不灭。非一非二,即不一不异。

非因非果,非谓无因果也。首句云十二因缘,谓十二因缘生法,不外此十不之义。因缘生法,正明因果也。盖谓约因果说,说名为因,乃是前因之果。说名为果,亦是后果之因。此明因果无穷,不可执谓因定是因,果定是果。故曰非因非果。又约性相合言之,约因果法性说,则冥同一味,不能说谁因谁果。而约因果法相说,则事相分明,因是因,果是果,因必有果,果必有因。然正分明时,即冥同一味。何以故？相不离性故,正冥同一味时,却了了分明。何以故？性不离相故。是之谓非因非果。盖合首句以明义也,此本经所以说即非,复说是名也。所以不应取法,不应取非法,空有皆不应著。此《中论》所以云:"因缘所生法,我说即是空,亦名为假名,亦名为中道。"盖谓欲知一切法不出因果者,当明即空即假之义。若不明空即是假,则堕断见,万事皆归断灭,便成拨无因果；若不明假即是空,又堕常见,万事皆若固定,亦成拨无因果。须知虽说空说假,其实空假不一不异。明得此义,便为中道。非空假外,别有中道。空即法性,真谛也;假即法相,俗谛也。此中五眼一科,即是明真谛法性。法性本来如如而皆是,何必执一。河沙一科,便是明俗谛法相。法相本来随缘而无定,何必执异乎。八不、十不、十二不等,但是开合不同耳。若详开之,可至无量句。若约之又约,则不一不异,便摄一切。故此中开佛圆见,但约不一不异明义也。

今再略言八不之义,所以贯通一切经论之理。当知佛所说法,不外真俗二谛。俗谛法相,虽变化无常,而为世俗所共见,故谓之俗。真谛法性,则常恒不变,而为诸法之本体,故谓之真。佛说二谛,皆用八不之义以说明之。名为谛者,明其事理确实不虚也。一切众生,所以轮回生死苦趣无边者,无他,由迷俗谛八不之义故也。一切声闻乃至权位菩萨,所以有变易生死、无明未尽者,无他。由迷真谛八不之义故也。总之,但因于此八不义谛,迷有浅深,悟有高下,故有六道之纷纭,三乘之差别。佛为一大事因缘,出现于世,即为令众生了二种生死。故说种种法以开示之,令得悟入耳。而种种法,不出真俗二谛八不之义。故此义贯通一切经论也。

不字有二义:(一)破义,破其著一切相也。(二)泯义,泯相显性也。然破有二义，不但破著有并破著空。泯亦有二义，不但泯相显性，亦复泯性显相而令圆融也。

今试举不生不灭句，说其纲要，且以不一不异句贯通之。先约俗谛言。世俗中人，莫不执谓实生实灭。佛告之，皆非实也。但由因缘聚合，假现生相。因缘散时，假现灭相而已。汝性何尝生灭。乃但执相而昧性，汝所以有轮回生死之苦也。此约俗谛显中道。中道显，则非俗谛而真谛矣。所以治著有之病也。

再约真谛言。二乘圣贤，权位菩萨，又执不生不灭。佛告之曰：不生不灭者，对治凡夫著生灭相耳。安可去一执，又生一执。须知性相不二，空有同时。有即是空，故俗谛之生灭，为假生假灭。空即是有，故真谛之不生不灭，亦是假不生假不灭也。汝既见性，正好现相，随缘度生。且性本不离相，乃但执性而厌相。汝所以有变易生死之苦也。此约真谛显中道。中道显，则为最上乘，一佛乘矣。所以治著空之病也。

以不一不异贯通之者，俗谛执生灭，则生与灭不一也。不执而不生不灭，则生与灭不异也。真谛执不生不灭，则不生不灭与生灭不一也。不执而性相不二，空有同时，则生灭与不生不灭不异也。盖既空有同时矣，则不生不灭时，无妨现生灭。虽现生灭，却是不生不灭。此之谓不住生死，不住涅槃。则一异俱不可说，并不一不异之名而俱泯矣。由是观之，可知一切皆不可执，亦毋庸执也。故八不诸句，为化除执见之妙义。而不一不异之义，则可以贯通诸句也。

此诸句义，皆是显法法皆如者。法法皆如，是中道圆融第一义。故八不诸句，亦是中道圆融第一义，但法味不同耳。何以言之。法法皆如，是圆显，所谓表诠。天台、华严两宗，依此义而建立者也。八不诸句义，为般若之纲宗。则是以遣为显，所谓遮诠。三论宗依此义而建立者也。禅宗亦是宗般若之遣荡者，但不讲教义耳。须知必先遣荡，方显圆融。即如本经，必于离相离念之后，方说法法皆如。佛旨可见矣！何以故？执见未遣，岂能圆融？且著于圆融，亦非圆融也。《起信论》所以明不空须自空出也。建立圆宗而说圆义者，并非不说遣荡之义。但说遣荡，亦带圆味。宗遣荡者，如三论宗等，亦非不说圆融之义。但说圆融，亦带遣荡味。故其说如快刀利斧，无坚不摧。读之如冷水浇背，发人深省也。慨自般若教义，不明于世。即《智度论》，三论宗诸书，从来鲜过问者。故隋唐以来，惟禅门出人最多。其故可深长思矣。须知学人若不克从遣荡用功，徒记诵得无数圆义，何能破其情执。情执不去，又何能达乎圆融。本经云：一切诸佛及诸佛阿耨多罗三藐三菩提法皆从此经出。正的的指示般若为入佛之要门，成圣之阶梯也。此事关系法门之盛衰，关系学人之成败，极其重大。故不觉一再痛切言之。

三论宗既宗般若，故学般若者，三论诸书，不可不一究心。即不能遍读，必须读其一二种，以尝法味。庶几般若大旨，易于领会。如《大智度论》、《大乘玄论》、《中论疏》等，最足破人固执，开人悟门者也。但义既幽深，文复渊奥，惟在熟读静领，以参究之。虽然，若谓参究上举诸书，便于般若义趣，无不洞了，则又非也。当知八不诸义，不过般若之纲宗耳。般若中曲折深微之致，非克从离相离念处，真参实究，何能洞明。此理又不可不知也。盖大纲不异，而细微则不一也。不但此也。即以前八会、后七会，所说般若，持与本经校，亦复如是。纲宗大旨，彼此不异。微妙义味，彼此不一。所以一部经有一部经的宗旨，有一部经的说法，岂能一通全通。当知佛说是佛境界。所谓诸法实相，惟佛与佛方能究竟，诸大菩萨尚未究竟，何况凡夫。所以华严会上善财所参五十三位善知识，皆曰我惟知此法门，余则不知，乃是实话，并非谦词。所以古德如智者、嘉祥、贤首诸位，平生只弘扬数种经论。盖学力只能如此。此正古德高处、真处。后学所当学步者也。不但三论八不诸句义,只能明般若之纲要。细微旨趣,仍在学人自领。即令今有一人,将本经义趣,著书立说,一一宣陈。然得此一书,不过多一助力而已。亦仍在学人自领也。何以故?此人即令已成菩萨,而佛之境界,终不能究竟。即令顿悟同佛,竟能彻底宣扬,而读其书者障若未去,仍复未能彻底领会,仍须向离相离念处,真参实究,而后乃能契入耳。即如此不执一不执异两科所明之义,闻得之后,必须以此法印,向一切法上,微密印证,更须以此法印向自心上印证,向未起心动念处印证。如此,庶有通达之可期。若但闻说此两科之义而得明了,只能谓之明了,不能谓之通达。此理尤不可不知。通达者,四通八达,毫无障碍之谓。故若于自心上,于一切法上行之少有障碍,便非通达矣。下明正知,正是说一榜样,令学人遵照,以不一不异之见地,向心行处及诸法上了知其所以然,以求通达而无我者也。

(寅)次,明正知。分二:(卯)初,明心行叵得;次,明诸法缘生。

心行者,心之行动,谓起心动念也。诸法,谓外境也。约内心外境以明正知，意在使知无境唯识，心外无法之义也。心外无法，故法法不外一真如。但众生外为境相所迷，内为心念所扰，不能证得。此般若所以令离相离念也。叵得者，不可得也。性体空寂，本无有念，故曰不可得。诸法莫非缘会假现生相，本来无生，是之谓当体即空。是故约心行及诸法言，不一也。而约叵得及缘生言，不异也。不一不异，诸法如义也，当如是知也。如是而知名曰正知者，以其是依无上正等正觉之所证知者而知故也。知此，则知应离念离相之所以然矣。离相离念，正所以无我也。

（卯）初，明心行叵得。分三：（辰）初，喻众明知；次，释明非心；三，结成叵得。（辰）初，又二：（己）初，引喻；次，悉知。

（己）初，引喻。

"须菩提！于意云何？如一恒河中所有沙，有如是等恒河，是诸恒河所有沙数佛世界如是，宁为多不？""甚多，世尊！"

有如是等流通本等上有沙字，古本无之，可省也。将明正知，而承上圆见中河沙之说以为引端者，意显向下所明之义，非执一异之凡情俗见者所能了知。必先开其圆见，不执一异，乃能开此正知也。且以显向下所说当以不一不异之义通之也。将说众生妄心以及诸法，而必假设譬喻，以沙喻河，复以喻河中之沙为言者。意显妄心及一切法，层出不穷，牵引愈多，不可胜数也。且以显妄心法相，如幻如化，莫非假有也。皆是亲切指点之语。若视为无关紧要有如赘辞，则孤负经文矣。

启口说一于意云何者，将欲开其正知，故先探试其见地。其意直贯至不可得。非仅探问多否。如者，显其是譬喻之辞也。一恒河中所有之沙，已无数可计矣。如是等，指无数沙。谓设有恒河其数与一恒河中所有之沙相等，犹言无数恒河也。是诸恒河，指上句无数恒河。言无数恒河所有之沙，其数岂有量哉。佛世界，即谓大千世界。每一大千世界，为一佛教化之区域，故曰佛世界。如是，指上句无量言，谓无量世界也。宁为多不，问可算得是多不？甚多世尊句，长老答辞。此科但设喻，为下文作引。盖以无量数之沙比喻世界之多者，皆为藉以显下文众生心多，如来悉知耳。

（己）次，悉知。

佛告须菩提："尔所国土中，所有众生，若干种心，如来悉知。

经中凡标佛告句，皆郑重之词。令读经者，郑重向下所言也。尔所者，如许也，指上文无量言。无量国土犹言无量世界。但世界是通名，国土是别名。今将言众生，故言国土，不言世界。何以故？举国土之别名为言者显众生有种种差别也。所谓十方刹土，所有众生，种种差别是也。盖谓无论是何族类色身等差别众生，大而天人，小而蝼蚁，其心无不悉知。

上科不但言世界而曰佛世界者，亦含深旨。当知世界之执持不坏，固由众生业力。然非仗佛慈悲威神之力，为之摄持。以众生业力之恶浊，早不知成何不堪之状况矣！一切众生皆蒙佛恩而不自知。犹之动植飞潜之得生成，全受日光之赐而不知者同也。语云：雷霆雨露总天恩。天之有恩，实由佛之施恩也。试观诸大乘经所说，梵王、帝释，乃至日月天子，一切诸神，皆在佛前发愿，护持众生。故知世界之执持，实赖佛恩慈悲威神之力。总之，此经一字，一句，一名词，一称谓，皆含妙义，不可忽略。世界国土，已多至无量。则其中之众生，其数之多，哪复可说？何况众生心乎。真所谓不可说不可说矣。何以故？既是众生心，则念念不停。即以一众生言，其心之多，哪复有数？况不可说之众生心耶。故以若干种概括之。若干种者，言其差别之多，无数可说也。上科由一恒河，而说其中无数之沙，由无数沙，而说为无数恒河，由无数恒河，而说其中无量之沙，复由无量沙，而说为无量世界。此科又由无量世界，而说其中不可说之众生，然后由不可说众生，而说其不可说不可说之心。所以如是层递以说之者，既以显不一之义，以跌起下文之不异。且以引起如来悉知耳。以至不一之事而悉知之者，岂差别之知见所能悉知哉，世尊盖以如义知之耳。故曰如来悉知。此义与下如来说相应，总以示菩萨应如是知也。如来悉知其为何？下科何以故下，正明其义。众生之心究如何，再下科所以者何下，正明其义。

（辰）次，释明非心。

"何以故？如来说诸心皆为非心，是名为心。

诸心，指上科若干种心言。非心句，约性言，暗指非真心,真心即性也。是名句,约相言,谓如是之心,特假名为心耳,暗指其是妄心。妄心即下文迁流心。迁流便有相,故曰是名。名者名相也。此处不宜将真妄点破,只可浑含说。因是妄非真,下科方说出所以然。此处说破,下科便成赘文。

何以故?自问也。问:众生若干种心,如来何故悉知耶?如来说下,自答也。答谓:虽曰若干种,而如来知其实可概括为一种,曰:皆是非心,但为假名之心耳。看经文表面,似但说明如来能悉知,并未说出何故悉知者然。实则悉知之故,已影在其中。其故何在?在如来二字。盖如来者,诸法如义。如者,真如也。真如者,同体之性也。已证同体之性,便成大圆镜智。所以一切众生起心动念,佛心镜中,了了分明。且佛心无念,故知动念者,皆为非心。此悉知之故也。上科曰如来悉知,此科曰如来说,正明其依如义而知,依如义而说也。

昔唐代宗时,西方来一比丘,众称之曰大耳三藏,自言有他心通。代宗请南阳忠国师_{禅宗大德}试之。坐少顷。师问:老僧今在何处?答曰:在西川看竞渡。少顷,师又问。答曰:在天津桥上看弄猢狲。师寂然少顷,再问,即不知矣。师呵曰:他心通在什么处!他心通者,知他人心中之事也。忠国师先故起念,忽在西川,忽在桥上,以试之。迨后寂然,是不起念。念既不起,遂无从知。以此事为证,如来悉知,更何待言。

须知凡夫心念,虽鬼神亦知之。所谓机心才动,早被神知。若微细念,则惟菩萨罗汉能知。佛则无不悉知也。忠国师呵斥之语,不解意者,以为不信他心通。非也。呵斥之意,不出二种。当知神通不可执,执之,轻则卖弄生害,重则著魔发狂。此以理言也。忠国师弟子甚众,代宗亦其弟子。矜奇好异,人之恒情。倘大众看重此等事,既足为修行之障,且恐为法门之害。此以事言也。此大耳三藏,通必不高。若其高也,起微细念亦能知。即不起念亦能知其未起念也。何致忠国师寂然,便惶然不知所云。通既不高,而在众中,自言得通,迹近卖弄,显违佛敕。佛令弟子,非遇不得已,不许显神通。国师斥之者,意在于此。当知三明六通,是学佛人本分事。但修行时,不宜注重此事,恐走入魔道。无明尽时,神通自得。得之之后,亦不宜辄与人知。恐为捏怪者所藉口,后患甚多也。

上来由沙、而河、而沙、而世界、而国土、而众生,事相种种不一,而归结之于众生心。非但示心外无法已也。盖说河,所以喻心念之流动。说沙,所以喻心念之繁密。说沙为河,喻心念从微而著。说河之沙,喻心念由总而别。由河沙而说到世界国土众生,喻众生心念既流转不停,如河。复胶固不化,如土。既细琐无比,如沙。复驰骛无极,如世界。有任运而起者,如河沙等。有施设有成者,如国等,有源流,有本末,有通,如世界。有别,如国。有别中之别。如众生。所以言若干种心也。如上所说,凡有两重不一不异。外而山河大地,内而五蕴色身,其事相至不一矣;而为众生心所现物,则不异也。又复众生心念多至若干种,不一也;而皆为非心,则又不异。此皆发觉者所应了知。然此两重不一不异,尚不过为下文作引案耳。总而言之,不一不异诸句义,既显法法皆如,即是显无有定法。令行人当于一切法上,活看活用,不生拘执。故佛时而说一,以显其不异;时而说异,以显其不一;时而一异俱说,显其虽不一而不异,虽不异而不一。时而一异皆非,显其并不一不异亦不可说也。无非为遣情执。遣之又遣,功行至于俱不可说,则证诸法一如矣。其说有无诸句,皆是此义。总以明处处不可著,以治众生处处著之病而已。无论世出世法,皆应依此观,依此义行。

(辰)三,结成叵得。

"所以者何？须菩提！过去心不可得，现在心不可得，未来心不可得。"

叵得，即不可得。过去心三句，唐慧净法师注中初句过去，次句未来，三句现在。无著菩萨论亦然。次序虽异，大旨无关。

此科说明非心之所以然也。过去、现在、未来，名为三际。际者，边际，界限之意。过去非现在非未来，现在非过去未来，未来非现在非过去，各有边际，故曰三际。心念既有三际，故谓之迁流。迁流者，言其心如水之前浪后浪，相推而前，迁移流动而不息也。此即色受想行识之行。行者，行动，迁流之意也。盖因其心念，刹那不停，故曰迁流。因其迁流，故有过去、现在、未来。然而过去则已去，现在又不住，未来尚未来，故皆不可得。克实言之，只有过去、未来，并无现在。盖刹那刹那而过去矣，哪有可得。不可得者，明其当下即空也。若夫真心，则常住不动，绝非迁流。但因众生无始来今，未曾离念。念是生灭之物，故成迁流。故为非心。言非常住之真心也。生灭心是妄非真者，以真心本不生灭故也。既生灭之不停,哪有实物,故曰是名为心也。

上科明圆见,是令不明理而自是者,明了无是非是,尚是说不可执之当然。此明正知中,则明不可执之所以然矣,故曰所以者何。即如此科之意,盖谓:汝于一切法取执者,在汝意中,必自以为我能取。不知即此能取之一念,三际迁流,当下即空。念尚不可得,尚何能取之有乎。三言不可得,真乃锥心之语,直令我见无安立处。《楞严经》曰:"一切众生,从无始来生死相续,皆由不知常住真心性净明体。用诸妄想,此想不真,故有轮转。"当知众生从无始来,认妄为真,遂致生死轮转者。因一切唯心造,性净明体。轮转之苦,实由其心生灭轮转故耳。盖一言及相,必有生灭。重在心不随相而动,动,即行也,所谓迁流也。便除一切苦矣。所谓了生死出轮回者,心了耳,心出耳。

故修行第一步,便当明了此理,辨清孰为真,孰为妄。其实极易辨别。浅言之,分别执著者,妄也;不分别执著者,真也。深言之,真心无念,起念即妄。由行缘识,故起念为分别执著之根。所谓修证者无他,除妄是已。妄云何除?离念是已。离念则分别执著自无,真心自见,生死自了。离一分,见一分。离得究竟,见亦究竟矣。一切众生,所以认妄为真者,由于不知其是不可得。何故不知？由于心粗，不辨其是生住异灭，刹那相续。若知其是刹那相续，则知是迁流而不可得者矣。既不可得，执之何为？且自以为能执，而实无可执。徒增业力而已，真愚痴可怜也。此理惟佛知之说之，而为修行人所急宜觉悟者。故明正知中，首先便言此事，以其为成凡成圣之关键故也。由是观之，本经虽离相离念并说，实归重在离念，不过以离相为离念之方便耳。迨至念离，则见相即见性。尽管随缘现相，广度众生，毫无障碍矣。何以故？心念既离，其于相也，不离自离故。

此科之义，一深无底。上说不可得，是约妄心明义。殊不知佛说此科最大宗旨尚不在此。宗旨云何？在令学人，即妄证真，顿契无生也。何以言之？三际迁流之心，所谓无明缘行也。无明者，不觉也。一切众生，初不觉知念念迁流，故随而分别执著。分别，便成第六识。执著，便成第七识。则行缘识矣。此中言如来知者，令学人当如是知也。知者，觉也。且告之曰：迁流之心，当下即空，实不可得。正是令学人速觉，当直下向不可得处观照契入。则湛湛寂寂，当下便是常住真心。正所谓狂心不歇，歇即菩提矣。故此科之义，是明至圆极顿，直指向上之法门也。

昔二祖问初祖安心法。祖曰：将心来与汝安。曰：觅心了不可得。祖曰：吾与汝安心竟。正与此中所说，同一法味。当如是知，勿负佛恩也。故上科皆为非心是名为心句义，亦可兼明真心。盖真心无名无相，唯一空寂。说为真心，亦非心也，但假名耳。古德所以云：说似一物即不中也。

由是观之，此科亦具两重不一不异。过去心、现在心、未来心，是为不一；皆不可得，是为不异。又复迁流心与常住心，不一也；知其不可得而当下空寂，则不异矣。合之上科所说，共为四重。当知佛之委曲说此四重者，开示修观之方便也。方便云何？先观河沙等器界根身诸法之不一，而销归于众生同具而无异之心。既而进观心念有若干种之不一，而销归于诸心所不异之皆非是名。更观心之所以皆非者，由有三际迁流之不一也，则销归于三际不异之不可得。当知不异者，如义也。步步由不一观不异，则步步趋向真如矣。即复深观迁流心常住心，虽曰不一，不过性相之异耳。则离相会性，而销归于本无可得之大空，尚复何异之有。则寂寂明明，明明寂寂，一念不生矣。一念不生，而实相生矣。岂非一超直入之修功哉，妙极妙极。今为诸君一一拈出。

若能依此义以修观行，一日千里，尚何待言。当知四重之义，重重深入。而步步由不一入不异。即是步步除分别执著，亦即步步无我。迨至一念不生，人我法我，尚复何存乎。真无我之妙法也。菩萨不向此中通达，便向何处通达？

此一大科，为开佛正知，是令开佛之正觉也。故闻如是教，便应如是开。如是开，便是如是觉。如是觉，便能如是证矣。圆顿大法，孰过于此。下诸法缘生一大科，亦复如是开之觉之。而一是向心行上开觉，一是向诸法上开觉。双方并进，则心境皆亡，我法俱空矣。正所谓无我相，无法相，亦无非法相，而离一切诸相，则名诸佛矣。教下名言甚多，无此直截了当。宗下棒喝交驰，无此彰显明白。愿与诸君共勉之。

（卯）次，明诸法缘生。分二：（辰）初，约福报明无性；次，约法施明体空。

此一大科标题，含义甚多。先当一一说明，入文方易领会。上心行一科，是约内心明义。此诸法一科，是约外境明义。外境之事相甚多，故曰诸法。诸法多不胜数，将从何处说起。今约福报及法施明义，则可以赅摄一切法矣。盖福报之义明，非福报之事，便可例知。布施即摄六度，六度即摄万行。而布施中则以法施为最。若法施之义明，所有六度万行,皆可例知也。法施是善行,善行之义明,非善行之事,亦可例知也。

至于缘生二字,当分条以说之。顷言含义甚多,指此言也。

(一)内典中因缘二字,有时分说,有时合说。分说者,因是因,缘是缘,不容混也;合说者,说因即摄缘,说缘即摄因。盖亲因谓之因,疏因即是缘,故可合说。此缘生一言,乃合说者,所谓因缘生法是也。因缘生法者,谓一切法之生,不外因缘,从无无端而起者也。故法即因缘所生之果。因缘生法,无异言一切法不外因果。而福德及具足身相,是约果报明义。法施,是约因行明义。既一切法不外因果,故摄一切法尽。

(二)诸法缘生者,谓一切法本来无生。但由因缘聚会,假现生相耳。此意,盖明诸法是假相而非真性。以性乃本具,万古常恒,非由因缘聚会而生者也。故标题曰无性,言其但有相而无性也。当知佛书所言性,皆指心体之性言。与俗书所谓物性性格等说,绝不相侔。而一切法既皆为假现之相,可知一切法之当体,如幻如化,如空中花,如水中月,绝非实物矣。故标题曰体空。此体字指当体言,犹俗语所谓本身，非谓性体也。是故缘生之义，即显其有相无性，当体是空耳。福德及具足身相，显无性义便；法施，显体空义便。故分配言之。由是可知，说缘生，无异说不可得。而说不可得，亦无异说缘生。何以故？心之行动，亦缘生法故。所谓无明缘行是也。夫众生处处执著，一言执著，便有能、所。就能执一面言，无非妄念；就所执一面言，便是诸法。今告之曰：汝以为有能执者耶？心行叵得，能执之意，当下即空也。又告之曰：汝以为有所执者耶？诸法缘生，所执之法，亦复当体是空也。如此开示，正是将众生执见，从根本上推翻。若发觉者，通达此理，我见可冰销矣。何以故？我见之起，起于执实，既认妄念为真心，又以诸法为实有，遂致我见不能遣除。故欲遣我执，最妙观空。佛称医王，又称空王，即谓能医众生执实之病耳。

（三）缘生与不可得，皆明即空之义。如上所说，固已。然而大旨虽不异，而含义之广狭则不一。盖不可得之义，但明即空。缘生之义，既明即空，兼明即假。妄念为成凡之由，将欲了生死，证圣果，必须断念；故只宜说不可得，不宜说缘生。诸法固不应取著，亦不应断灭；故只宜说缘生，不宜说不可得。何谓即空即假？当知一切法，只是缘生，本来是空，此所以言即非也；然而既已缘生，不无假有，此所以言是名也。故法与非法，皆不应取也。且以一切法虽体空而缘生，乃是即假之空。所以虽绝非真实，而事相俨然。此众生所以难出迷途也。以一切法正缘生却体空，乃是即空之假。所以虽事相俨然，而绝非真实。此行人所以亟应觉悟也。云何觉悟？空有不著是已。云何而能不著？要在离相离念。必离相离念，乃能随缘不变，不变随缘耳。

（四）前言心行及诸法两科，是开示一超直入之修功。然其中亦有虽不异而不一者，不可不辨。盖直向心行不可得处契入，是契入空寂之性体；若直向诸法缘生处契入，则是契入如实空如实不空之体相用。亦即契入寂照同时之性德者也。然而得体方能起用，不空须自空出。若不离念，寂且未能，遑论乎照。故学人于行门，必须空有不著。而于观门，则须一空到底。此理不可不知也。总之，心行叵得，应离念也。诸法缘生，应离空有二边相也。前不云乎，离念为离相之究竟，离相乃离念之方便。故用功当以离念为主。念若离时，空有二边相，不必说离而自圆离矣。虽然，诸法缘生，即空即假之义，离念者，亦不可不通达之，以为补助。当知心性本空有同时。故唯心所现之诸法，亦无不空有同时。今观诸法缘生即空即有，即无异观心性之即空即有也。若但知离念，而不知修此观。恐堕偏空，而不能达到寂即照，照即寂也。故于说心行叵得之后，复说诸法缘生。此理更不可不知也。是乃佛之正知，当如是开之也。

（五）上说性与诸法空有同时之不异。然其中亦有不一者，不可不辨也。盖真心不但真空，且是真有。真空者，离名绝相故；真有者，常恒不变故。彼一切缘生法不然，本无是物，但现假相而已，乃是真空假有者也。克实论之，尚不足言真空，只可谓之假空。因诸法之空，是由假有形成者耳。既非实物，空有俱说不上。兹姑随顺古义，说为真空假有。因其本空，故说假有。因其假有，故知本空。为欲明其空有是相待相形而成，故曰空有同时耳。不似真心，离名绝相之空，常恒不变之有，皆是绝待。其同时并具，初非由于相待相形而成者也。故谓之真。故能为一切法之体。又复真心既万古常恒，故曰本不生。若一切法亦名本不生者，乃因假现生相，形成为本来不生耳。实则本无是物，无所谓不生也。故本不生之名虽不异。而一真一假，亦复不一。

或曰：心外无法，心生则种种法生。此心盖指妄心而言。然则佛菩萨既无妄念，而能现种种境相，不知何由而成？答：

佛菩萨实无有念；种种境相，亦实由心而现。此则由于因地发大悲愿随缘度众，故证果后，虽不起念，而藉夙昔悲愿熏习之力，便能随机感缘，现诸境相。此义散见诸经论，及大乘止观。故修因时，必须悲愿具足，深观诸法缘生之义，使熏习成种，乃能于大定中随缘示现耳。上说诸义，皆行人所应了知。不然，必疑证果后何以念犹未净；或疑无念则无所现；或疑真心与诸法同一即空即有，同一本不生，何以为诸法之体耶？兹姑乘便一言之。

（六）开经以来所说诸义，得此心行叵得，诸法缘生两科，乃洞明其所以然。盖说三空，说一切皆非，等等句义者，以心行不可得故也；说二边不著，说一切皆是，等等句义者，以诸法缘生故也。故此开佛知见一大科，实为全经最要部分。前后所说，无非开佛知见。信者信此，解者解此，修者修此，证者证此。合信解行证，方将开字功夫做了。信是初开，而解、而行、而证，乃究竟开也。

（辰）初，约福报明无性。分二：（巳）初，明福德；次，明报身。（巳）初，又二：（午）初，明福德因缘；次，明缘会则生。

（午）初，明福德因缘。

"须菩提！于意云何？若有人满三千大千世界七宝，以用布施。是人以是因缘，得福多不？""如是，世尊！此人以是因缘，得福甚多。"

世界宝施，前曾说过。就已说者发明缘生之义，有微旨焉。盖示上来所说一切法相，皆应以缘生义通之。《中论》云：因缘生法，即空即假。当知不但所生法，即空即假也；因缘亦复即空即假。因缘即空即假，故虽不著相，而应行布施，前所以言应无所住行于布施也。因缘即假即空，故虽行布施，而应不著相，前所以言应布施不住于相也。所生法即空即假，故虽当体是空，而缘会则生，前所以屡言是名也。所生法即假即空，故虽缘会则生，而当体是空，前所以屡言即非也。

此科是总明缘生之义。何谓总明？从布施因缘说到福德，福德即布施因缘所生法也。故布施，因也；福德，果也。因果并说，故曰总明。则下报身但约果言者，便可例知果必有因。法施一科似但说因，亦可例知因果无尽。盖必能施、所施，及闻法施者，各有因缘，且一齐聚会，乃有此法施之事发生。是此一法施，乃无数因缘聚会所生者也。而将来各各所得之果，则又由此一法施之因缘所生。岂非因果无尽乎！

布施等为佛门大事，尚不离缘生，不离因果，则其余一切法可知矣。故约此数事言之，以示例焉。所谓总明者，复有一义。本科但泛言福德，而下科则言报身。证得报身，可谓福德多矣。本科泛言布施，下科复专约法施为说，皆无异为本科指实者。故亦可判本科为总明，判下报身法施两科为别明。

前半部中，长老答辞，多言不也。即不答不也，亦从无答如是者。后半部惟开佛知见中，答如是最多。此外只有答以三十二相观如来一处，言如是。此经字字皆含深义，可知凡答如是，决非泛言。实承前已说者，表示诸法一如，一切皆是之义耳。前言一如皆是，是明融相会性。此诸法缘生所明之义，亦意在融相会性也。长老深解义趣，故先答如是。继之曰此人以是因缘得福甚多，正指示行人，应领会诸法缘生道理，以通达乎一切法皆是一如耳。盖缘生道理，即空即假是也。观照即空即假，以契入如实空如实不空，则融诸法之相，而会一如之性矣。

前云：不住相布施，福德不可思量。今云：得福甚多。甚多者,不可思量也。经旨趋重下科。此科所说,不过为下科作引案耳。故不住相一层,此中未言,而下科言之。

(午)次,明缘会则生。

"须菩提!若福德有实,如来不说得福德多。以福德无故,如来说得福德多。

此科是佛正意。说上科,正为引起此科来。此科辞旨深细,须分数层明之。

上科已明福德是缘生法矣。既由缘会方生,岂得有实。有实,便非缘生矣。若非缘生,福德便无得之之路。以一切法,从无无端而得者也。故曰:若福德有实,如来不说得福德多。

以者,因也。无者,无实也,正对上文有实言。谓因为福德是缘生法,即空即假而无实之故。一切众生但能布施六度,深植因缘,则因缘聚会,福德便生矣。聚会者,成熟之意也。故曰:以福德无故,如来说得福德多也。

经中两"说"字,着眼。意显表面说福德,骨里是说布施也。何以故?若执福德有实,是不知其为缘生法矣。不知为缘生，便不知在因上注重。若不修布施之因，哪来福德之果乎。故如来不说得福德多也。殊不知正因福德当体即空而无实，乃是即空即假之因缘生法。故欲得果者，但修其因，若勤行布施，则福德自至矣。故如来说得福德多也。

如上所说，经中大旨已明。然犹未说彻也。何以故？只说了得不得的关系。多不多的关系，尚未说著故。当知佛说缘生，重在令人彻了一切法即空即假，以通达乎无我，而融相会性耳。此层道理，须先说清原委，便易明了。

法法莫非因缘所生，故福德是缘生，布施亦是缘生。然则福德之因缘为布施，布施之因缘为何耶？当知布施之因缘，发心是也。发心小则布施小，福德亦小。发心大则布施大，福德亦大。然则发心云何为大耶？不住相是已。心有所住，则有所束。无住，则无拘束，无范围，故大也。故欲布施不住相，必先于福德不住相。若注意于福德，是以福德为实有也，有实，即实有之意。便住相矣。既于福德住相而行布施，是为福德行布施也，则布施亦住于相矣。盖世尊之说此科，是将前来所说不住相布施之言，更加彻底发挥。无异对住相布施者，揭穿其病根所在。盖布施之所以住相，无非为贪求福德耳。

文中如来说三字甚要,谓依如义而说也。盖谓若于缘生之理,未能彻了。但知以布施因缘,能得福德,遂贪求福德以行布施,则大误矣。殊不知佛说缘生,是令体会缘生之法,即空即假,而于诸法不执,销归一如之性耳。若以福德为实有,势必贪求福德以行布施,而住于相矣。既住于相,是向外驰求而违性矣。则以布施因缘故,不无福德。而以住相因缘故,其所得者,无非三界内俗福。纵生顶天,终是苦因。故依如义不说得福德多也。

若其彻底明了缘生道理。观一切法,即空即假,即假即空,并无福德之念。文中明明一反一正,相对而说。反面既以有实为言,正面亦应有无实一义,故以无实释无字。然经文究竟只单言无,故应补出无念一义。无念义更彻底,宜于此处说之。但为利益众生,修离相之三檀,则是福慧双修,悲智具足,必得不可思议不可称量无边功德,所谓无上菩提之果矣。依如义说,其得福德多矣哉。

观此经旨,足见因果道理,必应彻底明了。若但知粗浅因果之说,而不彻明其理,因小果亦小矣。当知佛说之因果,绝不可与外道典籍世间俗书中所说因果,等视齐观。佛经所说因果道理,是彻底圆满的,是极其精微的,皆是用即空即假即中三谛之理来说明的,或用八不等二谛之理来说明的。必须二谛三谛道理明了,佛说之因果,乃能彻底明了。然后始知佛所说的因果道理,广大圆妙。世出世法,所莫能外。然后始知因果可畏。少起一念,便落因果矣。何必待之行事哉。然后始知佛法为人人所必需。不但学佛者,应明了佛理;即欲成一人格,亦不能不明佛理;欲真明了世间法,亦不能不先明佛理。然后始知离相离念,关系重大。决不致漠视,决不敢畏难。乃能发大心、修胜行、证妙果也。

现今有心人,多知昌明因果之说,搜罗事实,印送书籍,以期救陷溺之人心,挽危险之世运。此是最好之事,且为极要之事。但往往有人不愿寓目,以为太浅。则何不向大乘佛法中求之。如二谛三谛等道理,皆佛说因果之真诠也,乃因果之第一义也。明得少分,有少分益。明得多分,有多分益。总之,佛说之因果,能令人成世间善人、贤人、圣人,乃至成菩萨、成佛,其广大圆妙为何如哉!

(己)次,明报身。分二:(午)初,明色身非性;次,明相好非性。

(午)初,明色身非性。

"须菩提！于意云何？佛可以具足色身见不？"
"不也，世尊！如来不应以色身见。何以故？如来说具足色身，即非具足色身，是名具足色身。"

流通本作不应以具足色身见，此句中唐人写经无具足字，可省也。

具足色身，及下科具足诸相，古人有种种说。或合色身诸相浑而言之曰丈六金身，则说为应身矣。或分指色身为八十种好，诸相为三十二相，此亦是作应身会者。或谓色身是报身，诸相是应化身。惟清初达天法师则曰色身诸相，应约报身说。此说最精，应从之。盖经中既于色身诸相，皆曰具足。具足者，圆满之义。其指功行圆满万德庄严之报身言，确凿无疑。因丈六金身三十二相等之应化身，与功行具足庄严具足之义不合也。

身相分说，含有要义。盖色身名为具足者，正因其诸相具足耳。故色身为所庄严，诸相为能庄严。分而说之，意在显其有能有所，正是缘生法耳。若本具之性，惟一空寂。既非色相，哪有能庄严所庄严之别。

不也，活句，谓亦可亦不可也。盖法身报身，不一不异。

若会归不异之性,则可见;若执著不一之相,则不可见也。故接言如来不应以色身见。上言不也,下言不应,正相呼应。意显无所谓可不可,但不应耳。曰如来,曰以,皆含精义。说一以字,执相之意显然。如来者诸法如义,乃不异之性。色身为不一之相。岂应执不一之相,见不异之性。言下含有若其泯相,则可见性矣。

何以故下,明不应之义也。如来说者,约性而说也。约性而说具足色身,则色身乃多劫修因所现之果报耳,是缘生法也。缘生非性,即假即空,故曰即非具足色身。然而既是本性随缘,所现修因克果之相。虽当体是空,而即空即假,名相俨然,故曰是名具足色身。下科具足诸相之即非,是名,亦如此释之。总以明报身是缘生法。即假即空,即空即假。若不明即假即空之义,势必执相而昧性。则性相隔别而不一矣,何能见性?若不明即空即假之义,又必执性而废相。性相亦隔别而不一矣。则所见者,实非无相无不相之全性。亦何能谓之见性乎哉。故必深解缘生道理,体会具足色身等,乃是即假即空,即空即假,而两边不著,然后性相圆融而不异,则见相便见性矣。其所见者,乃是无相无不相,亦即如实空,如实不空之全性矣。

如来之胜报身，尚是缘生。可知一切法，莫非缘生。故一切法皆不可执，执则必堕一边矣。执者，所谓取著也。心有所取，由其动念故也。故欲一无取著，惟有离念而已。当知佛说诸法缘生之宗旨，在令人体会即假即空，即空即假道理，知一切法本无可执，亦不必执，以离念耳。所以令离念者，修离念之因，必获无念之果。仍不外乎缘生法也。无念者，所谓佛智也，真如也。由此足见世法出世法，莫非缘生，即莫非因果。无智慧者，以恶因招恶果，以善因招善果，以小因招小果，以有漏因招有漏果。若开佛知见，则能以殊胜因招殊胜果。何谓殊胜，无念是已。总之，法法皆是缘生。故法法皆是即空即假。故于世出世法，皆应二边不著。而欲不著之彻底，惟有离念。又复世出世法，皆是缘生。故世出世间，不外因果。故离念为因，便证无念真如之果也。

凡以前以后说即非是名处，皆是为明此义者，皆当以上来所说者通之。以前尚未明说诸法缘生之义，故不能如此畅发，而今则应如是通达之也。当知此经体例，是从散说到整，先演绎而后归纳。故以前所说，得以后所说者证之，其义愈明。此所以令菩萨通达，谓当以后义通达前义也。讲说全部经文，必须依顺浅深次第，随文而说。故讲前半部时，只可含摄后半部之大义。断不能将后说之义,在前说中痛说。何以故?前文有前文命意。若只顾说大义,而不顾其线索,便将经义本来井井有条者,说得杂乱无章。反令闻者莫名其妙。然说至后义时,若不将前说者贯串归纳,便成散沙。不但前说者毫无归着,即后说者亦不见精彩,闻者亦复莫名其妙也。

注家若犯此病,则读之惝恍迷离,不得头绪。头绪未清,欲求深解难矣。总之,此经之难讲,前后不异。而前后所以难讲处,则又不一。前之难讲,难在要义多在后文,讲时往往犯手,只能帷灯取影,不能畅所欲言。后之难讲,难在理深境细,言语不易形容,且处处应顾到离名绝相一层,虽可畅所欲言,却不可说煞一字,塞人悟门也。会中颇有发大心欲弘扬此经之善知识,此理不可不知也。

(午)次,明相好非性。

"须菩提!于意云何?如来可以具足诸相见不?""不也,世尊!如来不应以具足诸相见。何以故?如来说诸相具足,即非具足,是名诸相具足。"

好者,相之别名。谓随其形相,更细别其相之种种好也。

故曰随形好。今曰具足诸相,便摄有好在。若其无好,不能称诸相具足也。寻常所说三十二相,八十种好,是应身相好。若报身相好,如华严经相海品中所说。如来顶上,有三十二宝庄严相。眉间、眼、鼻、齿、唇、颈,各有一庄严相;舌有四相;口有五相;右肩二相;左肩三相;胸前一相,即吉祥卍字相也;胸左右共有十相;左右手共十三相;阴藏一相;两臀、两膑、两胫共六相;汗毛一相;两足共十三相,以上共九十七种妙相,名曰大人相。欲知其名称相状,可检经文。然此尚是略说。若具足说,则有十华藏世界海微尘数大人相。盖报身相好,无量无边也。今云具足,指此而言。《华严》云:"一一身分,众宝妙相以为庄严。"由此经意,可知具足色身之名,正因具足诸相而称者也。故前云诸相为能庄严,色身为所庄严。余义同前。凡上科所说即非是名等义,皆与此通,勿庸赘言。诸相具足,即是具足诸相。佛之色身相好,所以称为殊胜第一者,即在具足二字。故颠倒言之以见意。

自开经至此,举身相问答,共已三次,而每次所明之义不同。今分三层,汇而说之,以便通达,一层深一层也。

(一)初次问可以身相见如来不,但言身相二字,是一切身相皆说在内,不专指佛之身相。如来亦通指自性,非专指佛。第二次问可以三十二相见如来不，是专约佛说。然是说应身也。此次问辞曰：具足色身，具足诸相，是约佛之报身说矣。

（二）初次问答，正承不应住相之后。故但曰身相即非身相，而不说是名。以显相皆虚妄，故不应住之义。第二次问答，因正明不坏假名。故即非、是名并说。以显约性则非。约相则是，两边不住之义。此次正明诸法缘生。故亦即非、是名双举。以显缘生之法，空有同时之义也。

（三）前两次问辞曰：可以身相见如来不？可以三十二相见如来不？如来者，性德之称，见如来犹言见性。当知相不应住者，为见性也。性真实，相虚妄。逐妄便违真。故欲见性者，不应住相。然初次约身相以明不应住者，因身相与性最为密切。身相尚是虚妄，诸相可知矣。身相尚不应住，诸相之不应住可知矣。然所谓不住者，谓应于相上即见其非相，便是不住。便能见性。非谓坏相而后见也。身相如此，诸相皆然。此初次问答所明之义也。

第二次不坏假名，是说在离名字相离言说相之后。故约三十二相之名言，以明离相之真实义。意谓真如之性，离念境界。不可以名名，不可以言言，不可以相相。故应离名言相以自证。然所谓离名言相者，谓应知性非名言之所及。非谓无名、无言、无相也。但于名言之假相，心不取著，便是离矣，便见性矣。如来之应化身，不明明有三十二相之名言乎。而此相实如来之所显现。故于相不著，即见如来。知得应化身三十二相之名言，应如何离。则知一切法相之名言，应如何离矣。此第二次问答所明之义也。

此次初问佛可以具足色身见不？次问如来可以具足诸相见不？或曰佛，或曰如来，皆具精义。且初问只应言佛，次问只应言如来，不可移易。何以故？当知佛为果德之称。具足色身，则为果报之身。故说具足色身，应说佛名。以显此身，正是证果成佛者报得之身也。如来为性德之称，具足诸相，为性德圆明显现之相。故说具足诸相，应说如来名。以显此相，正是证真如性者显成之相也。故前之佛与具足色身同说者，所以明因果非虚。次之如来与具足诸相同说者，所以明性相一如。

我前屡言罗什大师之译此经，一字不滥下，字字皆含精义，字字不可忽略。观此数科，益足证明。然则此身既是佛果之报身，为何不应以此身见乎？当知佛可以色身见，佛性何可以色身见耶？见佛当见佛性，岂但见佛身而已耶。故不曰佛不应以色身见,而曰如来不应以色身见者,为此。佛可以色身见不之问,正是探验见地如何。盖问能知见法身佛乎？抑仅知见色身佛乎？

具足诸相,既为性德圆现,为何不应以诸相见乎？当知性相虽一如,然言相则非性。所谓圆融中有行布,不可侊侗颟顸也。故若泯相而观性,则既无相之观念,何尝不可见性。若执相以见性,则但有相之观念,性又何可得见？故不曰如来不可以具足诸相见,而曰如来不应以具足诸相见者,为此。而如来可以具足诸相见不之问,亦是探验见地如何。盖性相虽不一而实不异,虽不异而实不一。能于性相,深知义趣,而大开圆见,不执一,不执异乎？

又复此次两问之辞,与前两次问辞大不同,故明义遂大不同。盖前两次问辞,是问可以身相或三十二相见如来不,皆是约见者边说,即是约因位说。此中两番问辞,是问佛如来可以具足色身诸相见不,是约佛如来边说,即是约果位说也。故当约果位以明义。云何明耶？当知佛之证果,亦由缘起,何况色身。如来性光,照而常寂,哪有诸相,故皆曰即非也。即复当知,既因圆而果满,遂有具足色身。虽照寂而寂照,不无具足诸相,故皆曰是名焉。即非者,显其是即假之空也。是名者,显其是即空之假也。岂止二边不著,而且二边俱融矣。此之谓圆中。通达无我法之菩萨,应如是知也。

不但此也。当知诸相圆满,为性德圆明之显现,岂可执谓离诸相外,别有法身乎?故曰是名。然亦岂可执缘生之诸相,便是法身,故曰即非。然则尚不应执如来现起之诸相,以见如来。则执一切缘起之法相者,其不能见如来也,明矣。其皆不应执也,亦可知矣。当知具足色身,乃究竟觉果之胜报。岂可执谓离色身外,别有佛性耶?故曰是名。然亦岂可执缘起之色身,即为佛性,故曰即非。然则尚不应执庄严报身,见清净法身。则执缘起之五蕴苦报身者,其不能见自性法身也,又明矣。其更不应执也,愈可知矣。

总之,言是名,令其不可执异也。言即非,令其不可执一也。不执一异,是为圆见。见圆则知亦正,知正则见亦圆。若知一切法莫非缘生,则见一切法不一不异矣。见其不异而不妨不一,故本一如也,而缘生诸法;见其不一而不碍不异,故虽诸法也,而皆是一如。当如是通达也。

上言福德,凡属善果,无论大小,皆福德也。此言胜报身,乃福德中最大最胜者。然无论大小胜劣,皆是约果明义。约果明义者,明其莫非缘生也。佛说缘生之要义,兹更概括为三种言之,层层深进。(一)令知世出世法,一切皆空,惟因果不空。何以故？皆缘生法故。所以因果可畏；所以要修胜因,克胜果。克者,克期取证之意。(二)既一切皆空,而因果不空。故一切法即空即假。以即假故,所以因必有果,因胜果必胜。以即空故,所以因果虽胜,亦行所无事。此之谓深明因果。(三)佛说一切法缘生者,意在明其本不生也。若二六时中,世法亦随缘做,出世法正随缘起。却一眼觑向一切法本不生处。看之,亦不自以为能看。但于世出世法,正随缘时,正如是看。正看时,正如是随缘。可许他是一个伶俐汉。内而三际心,归之不可得。外而一切法,归之本不生。我法有藏身处么？真乃一了百了,天下太平。本师教我们这些抄直路的法门,我们要一担担起,力奔前程。不见道,是日已过,命亦随减。如少水鱼,斯有何乐。若仍旧拖泥带水,一步三摇,虽日日看经闻法,晓得些理路,有何益处。要防他所知障生,比烦恼障更坏也。开快步,走。

(辰)次,约法施明体空。分三：(巳)初,明无法可说；次,明闻者性空；三,明无法可得。

于福德胜报之后,接说法施一大科,正以显示一切法皆是缘生也。盖必有布施六度之因缘,乃能发生福德胜报之事相。故福德胜报,是约果说。即是约所生之法说。此法施一科,则是约因说也。约因说者,欲以显示缘生无穷,因果无尽之义也。何以言之?当知一言布施,便有三方面:一布施者,二受布施者,三所施之物也。故此法施一大科,即开为三科。初明无法可说一科,约布施者说也。次明闻者性空一科,约受布施者说也。三明无法可得一科,约所施之物说也。佛所说法,皆是说其所证。故无法可得,是约所施之法说也。而就布施者言,云何知行此施,又云何能行此施,其因缘至不一矣。又就受施者言,何以成众生,又何以能闻法,其因缘亦复甚多。再就所施言,此物云何生,复云何得,因缘复有种种。约此三方面之因缘,已千差万别,说之无尽。何况三方面,倘不聚会于一时一处,仍无此一法施之事发生也。云何而得聚会耶,又非缘不可矣。由此可知,一切事莫非因缘所生者。

不但此也。既有此一法施之缘,又将发生种种之果。果复成因,因又成果。果因因果,自此以往,千差万别,永永无尽。可见世出世间种种事相,所谓诸法者,更无他物,只是不断之因果果因,于众生心目间显现变幻而已。众生不知深观其趣,遂为此相所迷,指而名之曰:此某法,此某法。殊不知指之为因,却是前因之果。名之曰果,实乃后果之因。所谓因法果法，其本身无一固定者也。既不固定，便非实在。岂止刹那之间，皆成陈迹而已。然则苦苦分别，牢牢执著，某法定某法，岂非痴乎？不但认事相为实有者痴也。若认事相为实无，亦何尝非痴。何以故？一切法不过因因果果，次第演变，眩人心目，初不能刹那停住也。乃执为有实，自生缠缚，不得自在，其为痴绝，固不待言。然而法虽非实，却是自无始来，遇缘即起。因果果因，刹那相续，曾不断绝。乃一味执空，不知随顺缘生之理，托殊胜因缘，获殊胜果证。遂致既不能证本非缘生之性，超然于一切缘生法之外，以自解缠缚之苦，得自在之乐；更不能利用缘生事理，随机感缘，示种种法，以拔众生之苦，予众生以乐。其不能超出者，势必堕落。何以故？恶取空故。因不执实有，并因果亦不相信者，谓之恶取空。明其势必造恶也。纵不恶取空，但偏于空者，虽能超出缘生，而不能利用缘生，则沉空滞寂，成自了汉。此类但修小因证小果。不知托殊胜因缘，获殊胜果证。故虽能超出，自证本具之性。而不能利用随缘以度众生。如二乘是也。故世尊呵之曰：焦芽败种，堕无为坑。此两种执空之病，虽苦乐不同，升沉迥别。然无智慧则一。

佛说此科，意在使人洞知缘生事理，以免执有执空之病。而令发菩提心修菩萨行者，当通达即空即假即假即空之缘生法,而广为布施,俾自他随顺此理,空有不执。既超以像外,复得其环中。便成悲智具足之菩萨矣。何以故?不执有,则人我空。不执空,则法我空。我法双空,便是洞彻三空之般若正智,便证空有同时之般若理体。成佛且不难,岂第成菩萨而已乎!故曰:若菩萨通达无我、法者,如来说名真是菩萨。

如上所说,可知布施者、受施者、布施物之三方面,既皆因缘生法,则皆当体是空。故名为三轮体空。喻三方面为轮者,因轮之为物,回转不停。又他物为轮所辗,便破坏无存。以喻因果果因,更迭演变,曾无休息。且以喻财施破悭贪,无畏施破苦恼,法施则能开正智、破三障也。上来所说,皆本科要旨。先为说明,入文较易领会。

(巳)初,明无法可说。分二:(午)初,对机则说;次,本无可说。(午)初,又二:(未)初,示说法无念;次,释有念即执。

(未)初,示说法无念。

"须菩提!汝勿谓如来作是念,我当有所说法,莫作是念。

此下数科,理趣幽深。言其深而且隐,不易见得。且正面是明如来说法之义,而骨里却是教菩萨应如何离念。所谓言在此而意在彼也。兹先将正面之义,分层说明。再说其言中之旨。

上一念字,约如来边说。观文可知。莫作是念之念,则是约长老边说。谓汝不应作是念也。此念字,蹑上文谓字来。谓者,言说也。作是言,由于作是念。故以莫作是念诫之。作是言念,其过何在?在作念、我当四字也。而作是言念。便是谤佛。故诫以莫作如是言念。此何理耶?下文何以故下,正明其故。当于下文详之。

(未)次,释有念即执。

"何以故?若人言如来有所说法,即为谤佛。不能解我所说故。

何以故者,问何故不应作是言念。有所说法者,谓心中存有所说之法,即作念我当之意。一说此言,其罪甚大,必堕无间。何以故?即为谤佛故。此所以不应作是念,作是言也。何以即为谤佛耶?经文似未明言,其实已暗示在如来二字之中矣。圆证本性,方称如来。空寂性中,哪得有念?哪复有我？凡作念我当如何如何，惟妄想未寂，我执未空之凡夫则然。乃谓如来如是，是视如来同凡夫矣，非谤而何？当知说法是报化佛，并非法身如来。然必证得法身，方成报化身。故报化身与法身，虽不一而不异。故法身无念无说，报化身虽有说而实无念。经文特举如来为言者，意在显此。以示切不可疑佛有说法之念。一有此疑，无异疑佛性不空寂，未证法身矣。亦即无异谓并未成佛矣。故曰即为谤佛也。

又复佛之说法，无非对机。机者，机缘。对机之言，正明说法亦是缘生。缘生体空，故法本无法。如来已证体空，故说即无说。岂得谓有所说法耶？佛何以能不起念随缘说法？前所谓修因时悲愿熏习之力是也。此理，十卷《金光明经》，说之最为详明。不可不知。兹引而说之。《经》曰："佛无是念，我今演说十二分教，利益有情。"十二分教，谓三藏，详开三藏为十二部分也。此言佛说经律论三藏，利益众生。初不作念我当如是也。《经》又曰："然由往昔慈善根力，于彼有情，随其根性、意乐、胜解，不起分别，任运济度，示教利喜，尽未来际，无有穷尽。"此言，虽不起念我当说法度众。然能随彼众生根性、意之所乐、所解者而说之。且虽如是善应机缘，尽未来际，开示教化，利益一切，皆令欢喜，说法无尽。然亦并无分别机缘之念。乃是不起分别而自然合度。所谓任运是也。何故能如此耶？由于往昔在因地时，悲愿具足，深观缘生，熏习成种善根也。之力使然耳。然修因时，一面观缘生之假有，一面复应观本具之真空。本经开正知中，先说心行叵得，即是令观真空。次说诸法缘生，乃是令观假有。若不证得真空之性，虽悲愿具足，深观缘生，亦不能随缘现起也。故《经》又曰："依法如如，依如如智，能于自他利益之事，而得自在成就。依法如如，依如如智，而说种种佛法，乃至声闻法。"此言证性而后二智成就。依此二智，一切自他两利之事，皆得自在成就。不但能自在说种种法而已。不必起念分别自然而成，是为自在。法如如者，法谓法性，如谓真如，次如字谓一如也。盖言与法性真如而一如。此根本智之异名也。如如智者，初如字一如也，次如字谓真如，智谓根本智。盖言与真如根本智一如。即后得智之异名也。

根本智即是性体，后得智乃为性用。得体而后起用，故他经译为后得智。对后得而明根本，故亦名之曰智。其实只是性体。故本经译为法如如而不曰智。各有取义，皆无不可。盖根本智言其照真，后得智言其照俗。照真则惟一空寂之性光，不谓之智可也。然既性光朗照，谓之曰智，亦何不可。照俗则鉴别千差万别之事相,称之曰智固宜。然虽曰鉴别,并非起念分别也。故曰如如智耳。《经》又以喻显其理曰:"譬如无量无边水镜,依于光故,空影得现种种异相,空者即是无相。"水镜皆喻性。水喻清净。镜喻圆满。无量无边,喻性之遍虚空周法界也。光喻二智,智乃光明义故。空喻性体空寂。影喻妄念。异相喻差别事相。无相喻无念。空者即是无相句,正明空影之义。且明虽现种种相,其中仍然无相,故谓之空。总谓水镜无尘而发光。依于此光,故能于空无尘中现种种相。佛性亦然,无念空寂,则智光圆遍。依此智光,故空寂无念中,而得种种之事自在成就。可见自在成就,正由无念空寂而现智光。

今谓如来作念我当说法,便同凡夫,岂是如来。既不空寂,又岂能说法自在,正所谓以轮回见,测圆觉海,无有是处。当知说法如谷响,谓如空谷传声,有感斯应,初无容心也。又如桴鼓之相应,大扣大鸣,小扣小鸣,适如其分,自然而然者也。佛之说法,如是如是。此所以不应作此言念也。然则何故作此言念乎。世尊推原其故曰:无他,不能解我所说故耳。

或曰:前来世尊曾以如来有所说法不为问。长老明明答曰:如来无所说矣。何以此中,规诫长老不应作如来有所说法之言念。且曰不解所说。不知所不解者果何说耶？当知长老是当机，对长老言，意在规诫大众耳。观初曰汝勿谓，继曰若人言，何尝克指长老乎。所谓不解者，若约本经言，盖防闻前来无有定法如来可说，及菩萨为利益一切众生应如是布施诸说，未能圆解。则于如来无所说之言，势必错会。其他诸说，亦必不能贯通矣。将谓菩萨尚应利众行施，何况乎佛。佛之出世，原为说法利生者也。且今正炽然说此金刚般若。则如来无所说之言，盖谓说了便休，不留一丝痕迹之意。前不云乎？无有定法如来可说。可知但无定法可说耳。岂一无所说。说了，无所说耳。正说时，岂能无所说。有所说法，虽非无念。然他念皆可离，说法之念若离，何以度众生耶？不度众生，又何以称佛耶？此其所以公然言曰：如来作是念，我当有所说法。而不知其为谤佛也。凡夫见解，往往如此。殊不知正与佛法相反。由此可见，解之关系大矣哉。因不解故，邪知邪见，既怀疑念而自误矣。又作此言，以破坏他人信心。误法误人，所以谤佛，罪至堕无间也。何以知其不解者在此。观下文所说，正是对其不解处，痛下针砭，令其开解者，故知之也。

（午）次，本无可说。

"须菩提！说法者无法可说，是名说法。"

无法可说，意显本无可说也。何以本无可说？以本来无法故。既本无法，哪有可说。故曰无法可说也。何以故？一切法莫非缘生故。前云无有定法如来可说，正明其本来无法，但由缘会，假现幻相，故无有定。乃不知向缘生上彻底了解，生出种种误会，谬矣。

法是缘生，说亦缘生，说法者亦是缘生。既曰缘生，非无法也，非无说也，非无说法者也。然而缘生无性，当体是空。故虽俨然有说法者，正当炽然而说，显然有法之时，即复了不可得。此之谓无所说。言其说即无说也。若以为有所说，是不知其为缘生，而执以为实矣。解得缘生之义，便知法本无法，故说即无说。即说法者亦是即空即假，即假即空。决不致妄作言念，罪同谤佛。凡夫所以妄作言念者，其根本错误，无非以为既有说法者，必有所说法。若无所说法，便无说法者。如来应世，原为说法度众，非明明有说法者乎。故妄曰如来有所说法。是全不解三身之义,误认法身说法矣。法身无说,报化身方有说。即复以为既然说法,必有说法念。若无说法念,何以说法。故妄言曰:如来作念,我当有所说法。是又全不解因无念空寂,方能说法之义也。故文中不但曰无法可说,而曰说法者无法可说。两句合言之,正所以破其凡情。何以故?既是说法者无法可说,其不能执为说法者明矣。尚且无法可说,哪有说法之念乎。然而明明有说法者,明明有法可说,何耶?殊不知是名说法耳。名者,假名也。当知因是假名说法。所以虽名说法者,无妨无法可说。虽无法可说,无妨名为说法者。又复当知假名说法者,所以无法可说。正因无法可说,乃有说法及说法者之假名。因空无念,乃成二智,能说种种佛法。如前所引金光明经。若解得此义,疑念妄言,可不作矣。谤佛之罪,亦可免矣。前云:本经是名句,皆当作假名会。不可坐实。观上来是名为心句,当可洞然。而此处是名说法句,更足证明。盖若坐实说之曰:此之谓说法。则是有所说法矣。一句如是,句句皆然。断不能坐实说煞也。

以上正面之义已竟。当知此开佛知见一大科,皆是说以令发觉者通达其理而除我见者。故此中莫作是念之言,是规诫菩萨不应起念。勿谓如来作念我当云云,是明说法尚不应有念,何况其他。且令观照真如之性,本无有念。即复观照诸法如义,空有圆融也。曰即为谤佛不解所说者,是明苟或起念,便违佛旨。苟谓佛有所说之法,岂非法性未净。总之,不一不异之义未明。虽闻佛法,必难领解。势必执有疑空,执空疑有。误法误人,造罪不知。故学佛第一要事,在于见圆知正。所谓开解是也。故复开示说法者无法可说是名说法之义,令其领会通达。若知得佛所说法,法本无法。则知一切法莫不如是。

知得法,与言说,及说法者,皆是缘生,即空即假,即假即空,有名无实。则知一切世出世法,一切言说,一切学法者,莫不如是。既说法者无法可说,则学法者当然无法可执。既说法无念,则学法者,便当观照诸法缘生体空,会归一如。观力渐渐深,分别执著便渐渐薄,我见便渐渐除,念亦渐渐离矣。所谓通达无我法者,如是如是。菩萨应如是知也。此初明无法可说之旨趣也。

此下说明(已)次明闻者性空一科加入之意。

此科经文,本为罗什大师译本所无。乃后人据魏译加入者。最初加入为唐时窥基师,然众未景从也。其一唱众和,遂成定本,则自南唐道颙师石刻始。或曰:唐穆宗长庆二年奉敕所加者，非也。柳公权书写此经，在长庆四年，柳为朝臣，既先两年敕加，何柳书中无之。宋《长水刊定记》云：今见近本有此一段。此语足为南唐始加之证。宋初距南唐时近，故曰近本也。加入何意？以无著论，弥勒颂，皆有此义故。然谓秦译漏脱三轮体空之义，似未尽然。盖前文已有菩萨为利益一切众生，应如是布施；如来说一切诸相，即是非相，又说一切众生，则非众生一段。秦译或以诸相非相中摄有能施所施之相，合之众生非众生，足显三轮体空矣。故此处略去众生一段，别显能所双亡之义耳。盖上言说法者无法可说，是明能说者空；下言无法可得，是明所说者空。修功至极处，必应能所皆空，方能性光独耀，迥脱根尘。此义即心经所说无智亦无得也。秦译盖有意略去，以显进修之极功，决非脱漏。秦译字字不苟，何独于此义漏之。虽然，有此一科，义更圆满。秦译略去，不免千密一疏。故此番校本，一切皆依唐人写经。独于此科，依道颙石刻者，意在于此。兹当详说其应加之故。

清初达天师作《新眼疏》，分经文为信解行证四大科者，以经文明明具有此义故也。如生信科中，长者郑重请问，颇有众生生实信不。佛亦郑重答曰：有持戒修福者，能生信心。

而科尾复结之曰：佛及无上菩提法，皆从此经出。言从此经出者，指示学人当从此经入也。信为入道之门，故于本科之末，结显此意。

开解一科，广谈果行以明因心。长老自陈深解义趣，正示人当如是深解也。佛复详为印阐而结之曰：当知经义果报，皆不可思议。当知者，当解也。所以结深解之义也。

此进修一科，先明发心无法。继令开佛知见。而佛见，则是不执一异。佛知，则是三际心不可得，一切法本无生。而归结处复明言曰：以无我无人无众生无寿者，修一切善法，则得阿耨多罗三藐三菩提。且曰：善法即非善法。其指示学人应通达内心外境，即有即空，不执一异，无我无法，以为唯一之修功。意更显明。盖必修无我无法之因，方证平等法界之果也。

故第四大科中，明言于一切法无我，得成于忍。成忍者，所谓证也。其余所说，皆是平等法界诸法空相之义，则皆成证之义也。信、解、行、证，经文经义明明白白，现现成成。《新眼疏》独见及此，为从来注家所未有。其疏名曰新眼，诚不诬也。故此次科判依之，但加标约心明无住，约境明无住，两总目，提挈纲领。俾前后两半部明义不同之处，一目了然。

当知《华严经》，是以信、解、行、证，显示圆融无碍之入道次第。彼经为佛初成道时，加被诸大菩萨，共说如来自证境界。其境界正是诸法一如，一切皆是。不自说者，显示法身无说也。此《金刚般若》，是为不断佛种而说。故一依《华严》信、解、行、证，入道次第说之。俾闻者亦依此圆融次第而入道。以示衣钵相传，灯灯无尽之意。《新眼疏》将此眼目标出，此其所以妙也。夫信、解、行、证，为入道之阶，固已。然信字尤要，成始成终，唯一信心而已。岂止信为入道之门已哉。《华严经》曰："信为道源功德母，长养一切诸善根。"一切善根，赖其长养。故事事法法不能离却信字。即如本经，明明曰：信心清净则生实相。足见一个信字，贯彻到底。是故佛既开示如何而信、如何而解、如何而修、如何而证。闻者便当一一生信仰心，亦如是信、亦如是解、亦如是修、亦如是证。不然，便如数他家宝，自无半钱分也。

试观生信科中，既说持戒修福能生信心以此为实，以答长老之问矣。复曰：一念生净信者，得无量福德。此正鼓舞闻能生信心之说者，便当起信以持戒修福。庶几能生实信净信耳。开解文中，于深解义趣后，说信尤多。如曰：信心清净则生实相，信解受持第一希有，信心不逆其福胜彼，心则狂乱狐疑不信。如是反覆言之者,皆以显示深解之要也。亦即所以点醒学人,当于开解科中所明之义,生起信心,亦求开如是之深解也。开解即是明理。理明而后信真修实,乃有证入之可期。否则盲信盲修,枉用功夫矣。所以此科说信最多。第四成证文中,亦有应如是知、如是见、如是信解之言,以示如来平等法界,本非凡夫意想所及。断不能用凡情测度。惟当笃信,方能随顺得入耳。由是观之,信解证三大科中,既皆特特标显信字,以为眼目。进修一科,不应独缺。乃秦译独于此科无一信字。故应引魏译此科之言信者,魏译除此科外,亦别无信字。补入秦译,以作点醒学人之眼目。使知凡此科开示之进修法门,皆当深信,依之而行。不但此也。前文诸相非相,众生非众生,虽足显三轮体空。然此中兼言是名,既显即空,复显即假。义更完备。故虽有前文,亦不嫌复。盖前文但言即非者,所以明布施应不住相。此文兼言是名者,所以明法施与众生,皆缘生法。即空即假,应不住相而施。即假即空,应施而不住相。故不复也。又复诸法缘生之义,如但有福德胜报两科,而不约布施明义。是只有约果之说,而无约因之说。义亦少有未足。且约三轮体空明义,便摄有能所双亡义在。盖能施人,与所施法,固为能所对待。而法施之人,与闻法之众生,亦为能所对待。故说三轮体空,与能所双亡之义,初不相妨。若但明能所双亡,却不摄三轮体空也。故于此科,独不依原本而加入之者,意在于此。

(巳)次,明闻者性空。分三:(午)初,请问;次,遣执;三,释成。

(午)初,请问。

尔时,慧命须菩提白佛言:"世尊!颇有众生,于未来世,闻说是法,生信心不?"

尔时,谓说前科甫竟之时。慧命,即长老之异译。唐时则译作具寿,名不同而义同也,皆年高德劭之称。秦译喜用旧有名词,故译为长老。唐译喜新造,称为具寿。以表生命、慧命,两皆具足之意。魏译则作慧命,此名似但说一边。然谓慧指法身,命兼生命说,亦无不可。颇有者,意中恐难多有也。长老意谓,现在许有。未来众生,去佛愈远,业深障重,未必多有。故曰于未来世。是法,浑括上说无法发心,乃至无法可说言。意谓发心修行,必须依法。今云无法,且云说法者无法可说。然如是种种之说,莫非法也。末世众生闻之，深恐狐疑。故问曰：闻说是法，生信心不？当知如上所说，皆是于法不执，精修无我之妙法。长老问意，正是指示学人，应信此妙法，修无我行耳。

（午）次，遣执。

佛言："须菩提！彼非众生，非不众生。

彼字，即指闻法之众生。非众生，约性言。非不众生，约相言。意谓言其非众生耶，然而非不众生也。言其非不众生耶，然而非众生也。正显即空即假，即假即空，一切众生皆是缘生之义。

（午）三，释成。

"何以故？须菩提！众生众生者，如来说非众生，是名众生。"

此科释明上言彼非众生非不众生之故也。众生众生重言之者，承上非众生非不众生说也。如来说，谓约性说。名，谓名相。意谓：顷言非众生非不众生者，盖约性而说，本具佛性，非众生也，故曰彼非众生；但约名相，则是众生耳，故曰彼非不众生。此科合之上科，语极圆妙，义极深至，兹分三重说之。

（一）长老是问众生闻如是法能否生信？而答语专就众生说，于生信一层，不置一辞。岂不所答非所问乎？其实不然。问意已圆满答覆矣。盖不答之答也。何以言之？长老虑众生于是深法未能生信者，由于认众生为众生，故不免为之担心。然而误矣，是执相而昧性矣。当知就相而观，虽非不是众生，然不过缘生之假名耳。缘生非性。其性则上等诸佛，本非众生也。然则既具佛性，岂不能开佛正知。则闻是法者，岂无能信者耶！故非众生非不众生一语，便含有莫作是说之意在。

（二）佛说此科，无异教众生以闻法生信之方便也。方便云何，先观自身是已。一切众生应观此五蕴众法，但由因缘聚会，非生幻生，本来无生。若知此义，则于上说诸法缘生、即空即假、即假即空、发心修行、无法可执之义，自能生信矣。当知说法者尚无法可说，则依法发心修行者，哪得有法可执乎！

（三）开示利益众生行布施六度者，应即相离相也。盖非不众生者，是令体会众生缘生即假，不无是名。应无所住而行布施。此前所以言，所有一切众生之类，皆应灭度令入无余涅槃。菩萨应发此大悲也。非众生者，是令体会众生缘生即空，原非众生。应布施而不住于相。此前所以言灭度一切众生已，而无一众生实灭度者。菩萨应具此大智也。总之，缘生之义，贯通一切。此义信得及，其他诸义，便皆彻了而深信无疑矣。

（己）三，明无法可得。分二：（午）初，陈悟；次，印释。

（午）初，陈悟。

须菩提白佛言："世尊！佛得阿耨多罗三藐三菩提，为无所得耶？"

上来，初约福德言其无实。无实者，所以明缘生性空也。福德之大者，莫过庄严报身。故次约具足身相，以明性空。现此身相，原为说法。故三约说法者无法可说，以明性空。说法原为度生，故四约众生，以明性空。一层追进一层，追至此科，则一空到底，如桶底脱。何以言之？佛现具足身相，既原为说法度生。而佛之所说,原说其所得,所谓如语。今知莫非缘生。缘生之法,当体是空。故具足身相,有名非实。说法,亦有名非实。众生,亦有名非实。然则岂非得即非得,佛即非佛,一往皆有名非实也耶?则一丝不挂,空寂之性,竟体呈露矣。此本科之要旨也。

长老前云:佛于然灯佛所,无有法得阿耨多罗三藐三菩提。然尚以为在八地时,因其不存有菩提之法,故今成佛得菩提耳。今乃知所谓佛得菩提者,亦复得而无所得也。意深于前。故自陈初悟,说一耶字。正显一空彻底,如梦初觉景象。此约事言也。若约理言,长老早与如来心心相印。今陈初悟者,正指示学人应如是穷究到底,不令有一丝法执存在。然后我空性显,始觉合于本觉而成大觉耳。其故作疑问之辞者,又以指示学人,虽如是悟,当请明眼人为之证明也。上句先言佛得阿耨多罗三藐三菩提,是明约修因证果说,非毕竟无得。下句始言无所得,是明若约法说,非毕竟有得,总明无得之得、得而无得之意。句中有眼,不可优侗。

(午)次,印释。

"如是，如是！须菩提！我于阿耨多罗三藐三菩提，乃至无有少法可得，是名阿耨多罗三藐三菩提。

两言如是者，印可上言非毕竟无得，非毕竟有得，所悟不谬也。佛说之义更深，乃将长老说者，更推其原。犹言，何以无所得乎，因其本无少法可得故也。此意正承我字来。我无少法可得，正明我空也。因其我空，尚不见有少法，那有少法可得。既无少法可得，又哪有得法之佛。言乃至者，正明其空之又空，一齐扫尽。正当尔时，一念不生，湛湛寂寂，性德圆明矣。总之，性空寂中，本无少法。使其见有少法，正是我见。尚何所得？惟其不见有少法可得，乃真得耳。

句言我于无上菩提，无少法可得，妙。我不见有少法可得耳。言下含有非竟无法，故接言是名阿耨多罗三藐三菩提，意显非无无上菩提之名言也。又以显无上菩提，但名言耳，岂可著乎！故无有少法可得也。又以显所谓法，所谓得，皆因缘所生。缘生体空。正当有如是名言之时，却本来无有少法可得也。眼光四射，八面玲珑。前来无法得菩提之义，至此畅发无遗。则无法发菩提之义，更因而彻底洞了。正所以开菩萨之正知,俾得通达无我、法耳。

上来心行叵得一科,遣能执也;诸法缘生一科,遣所执也。然而能所对待,牵引愈多。故所执之诸法中,复有能所。如福德胜报,所生也;布施六度,能生也。而就布施之法言,法,所施之物也;说者,能施之人也。就布施之事言,说法者,能布施也;闻法之众生,所布施也。更细别之,我,能证者也;法,所证者也。总之,一切事莫非对待,有对待便有能所,有能所便有分别,有分别便有执著。然而少有分别,便是第六识,所谓我相是也;少有执著,便是第七识,所谓我见是也。故一一明其皆是缘生。使知缘生体空,有名非实。必应步步观空,层层遣除。其所以痛遣所边之法者,正所以痛遣能边之我。盖二者本是对待相形而成,彼销,此亦销矣。而先说心行叵得,是直向能边遣除。然我相我见之不易遣,多为外境所移。故于诸法更说得详细也。由是可知用功之法矣。盖遣能当遣所,遣所即遣能。遣能所即是遣分别,遣分别即是遣执著也。分别遣尽,则六识转;执著遣尽,则七识转。二识既转,则我、法双空,皆是一如矣。皆是一如,所谓平等也。故下接言是法平等,直显性体焉。

(壬)次,结示。分三:(癸)初,直显性体;次,的示修功;

三,结无能所。

(癸)初,直显性体。

"复次,须菩提！是法平等,无有高下。是名阿耨多罗三藐三菩提。

此结示一科,乃上说诸义之总汇。上来所说,若理、若事、若性、若修,千头万绪,尽归结在此数行中。诸义若网,此数行文则网之总纲也。纲举而后目张。故此数行之义,能洞彻于胸中,则诸义皆得以贯通,皆知所运用矣。若或不然,虽闻得多义,终觉零零碎碎,犹散沙也。道理若未能得要,修功又岂能扼要。然则此科之关系大矣。其应悉心领会,不待言矣。

复次者,别举一义,以明前义也。下所云云,皆是说明菩提无少法之所以然者。故以"复次"二字标示之。是法平等,无有高下两句,正显无上菩提。然而"是法"二字,切不可坐实在菩提上。不但"是名"二字,不应坐实已也。何以故？经旨正为执著菩提者,遣其执实。况此处正明菩提无少法之所以然。岂可将"是法"二字,坐实在无上菩提上讲。若坐实讲之,岂非菩提有法乎。虽《新眼疏》亦不免此病也。

惟肇公、智者两注最佳。注云:"人无贵贱,法无好丑,荡然平等,菩提义也。"盖谓凡好丑贵贱不平不等之观念荡然一空,则平且等矣。即此便是菩提之义也。此说既显明其正是菩提,而又未曾说煞,极为尽理,妙契经旨。由是可知是法者,谓任是何法也,犹言一切法耳。

无有高下正显其平等。当知一切法有高有下者,由于众生分别执著之妄见,见其如此耳。其实一切法性,平等平等,哪有高下。既无高下,又哪有无上菩提法。故曰是名阿耨多罗三藐三菩提。盖无以名之,假立此名耳。所以菩提无有少法可得也。若无上菩提有少法者,既曰无上,便高下之相俨然,岂平等性乎。佛之成佛,正因其证平等法性耳。故曰如来者诸法如义。故见一切法皆是佛法。故如来所得阿耨多罗三藐三菩提,于是中无实无虚。何以故?诸法一如者,是法平等故。一切法皆是佛法者,无有高下故。法性既平等一如,有何可得?故曰无实。正当无有少法可得时,平等一如之法性,圆满显现。故曰无虚也。

当知无有高下,则绝诸对待,无对待则成绝对,故假名曰无上。无高下则平等,故假名曰正等。何以无高无下如是平等乎。由其不同凡夫不觉,横起分别执著之故。然亦并无能觉所觉之分也。故假名曰正觉。由是可知正因其不分别法,不执著法,且无法之见存,乃名无上正等觉耳。其无有少法也明矣。法性本来如是。佛惟显此本来之性焉耳。其无有少得也,明矣。故曰我于阿耨多罗三藐三菩提,乃至无有少法可得也。

前半部令于一切法无住,遣其分别之我执者,无非为显平等之性。后半部令于菩提法亦应无住,遣其俱生之我执者,亦无非为显平等之性。迨说明诸法如义后,复以不可得义,空其能执之心。且以缘生义,空其所执之法。能所皆空,则平等性体遂显。故标科曰直显性体。可见所谓无上菩提法者非他,诸法一如之平等性是。若少有菩提法影子,岂能见性!何以故?性体空寂,所以平等。少有分别执著,便有所立,尚何空寂之有?少有所立,便见高下,尚何平等之有?菩萨应通达此理。尽遣分别执著而无我也。所谓一切法性,本无高下者。眼前事物,莫不如是。奈众生不知观照何!譬有一事一物于此,或见之以为可喜,或见之以为可厌。而其事其物,初非因人而异。足见一切法性,本无高下矣。盖喜厌之异,异于其人。与事物无关也。

所以多愁者无往非愁,虽遇不必愁之境,而彼仍愁锁双眉。寻乐者无时不乐,虽有无可乐之事,而彼亦强开笑口。环境同,而人之所感,万有不同者。由于所见之不同也。又如以水言之。人见之为水耳,鱼龙则见为窟宅,修罗则见为刀杖,饿鬼则见为脓血。经言:此由业力所致。当知业力何以成此差别。正由当初分别执著之我见,各各不同,遂致造业不同耳。若二乘慧眼,见其本空,并水无之。菩萨法眼,不但见其本空,亦见水之种种差别事相。如是种种所见不同,而水初无如是高下之分也。佛眼则见一如。一如者,水性本空,故随缘而现清浊等相。则虽现清浊诸相,依然水性本空。一切法莫不如是。是之谓是法平等无有高下。当知所谓平等者,非将高者削之使下,下者增之使高也。此正分别执著之妄见。更令不平矣。更令不等矣。愈求平等,愈觉纷乱矣。佛言平等,是令去其分别,去其执著。任他高高下下,而平等自若。盖其心既平,其心既等,则事相上虽有高下,亦自高高下下,各循其分,不相扰乱。则一切平等矣。此平等之正义也。故慕平等之风者,当自平其心始,等其心始。

(癸)次,的示修功。

"以无我无人无众生无寿者，修一切善法，则得阿耨多罗三藐三菩提。

上科既以是法平等，无有高下，直显性体。而此之性体，人人本具，个个不无，但为妄想即是分别执著，不能证得。此引《法华》成句。佛为一大事因缘出现于世者，正为此一大事因缘也。佛说此经，亦为此一大事因缘也。从开经以来，千言万语，横说竖说，层层披剥，层层洗刷，就为的是洗干净一个本来面目出来，令大众体认。体认清楚，方知非照上来所说诸义克实真修，不能证得也。盖性体虽是本具，却被分别执著秽污，而非本来面目矣。非将高下之心，不平等之见，去净，岂见本来？

然经上所言，是书本上的，非自己的。夫欲举步，不能不开眼。而开眼正为举步。若不举步，开眼何为？故既说是法平等，无有高下八个字，直将性体显示出来，俾大众开眼认明。即复将修此证此之功夫，的的指出，令大众举步。方能达到目的也。欲全修之在性，必全性以起修。所以此经层层推阐，必令深解义趣。说至上科，更为直显性体，俾众体认者，诚恐未能深解，误以生灭心为本修因耳。所以古德修行，必须先悟本性者，为此。古人证道比今人多者，其最要原因，实在于此。

依上说道理，故此科所说修功，皆是一一针对是法平等，无有高下下手的。众生何故于一切法见有高下乎？无他，分别执著故耳。分别即是人我对待之相，执著便是我见。所以见有高下而不平等，所以便与性体相违，所以此经启口便令发广大心，降伏我人等相。以者，用也。用无我无人无众生无寿者，犹言用无分别执著之心也。善法，即上来所言布施。举一布施，即摄六度。六度即摄万行。故曰一切善法。言以无我修一切善法者，是明任是何法，平等平等。须以此平等心，观一切法，随应而修，不可存高下心也。合此两句，即是开经时所说，于法应无所住行于布施之意。应无所住者，应用无分别执著之心也。住即是著。有所执著，便有分别。一有分别，所以执著。二事相应俱起，不相离也。行于布施，正所谓修一切善法。

以无我句，空也，不著有也，修慧也。修一切善句，有也，不著空也，修福也。如是二轮并运，亦即二边不著，则宛合中道，平等平等。便与阿耨多罗三藐三菩提之平等性相应。故曰则得。则得者,言其定得也。得者,证也。若分析言之。以无分别执著心,修一切善法,则合于诸法如义,成法身之因也。福慧双严,成报身之因也。圆修一切,得方便智,成应化身之因也。既是称性圆修,故能性德圆明,三身显现,而成无上正等觉。故曰则得也。总明全性起修、全修在性之义耳。以无我等修一切善法之义,即摄前说不应取法,不应取非法,以及应无所住而生其心,应生无所住心,诸句之义。即非是名,皆所以阐发此义者也。则得无上菩提,亦即前说之信心清净则生实相之义。不但此也。最初所说发离相心即是降伏一科,令发广大愿者。即是令以无我无人无众生无寿者,修一切善法也。重读上句。其次,复说不住于相即是正住一科,令行广大行者。亦即是令以无我无人无众生无寿者,修一切善法也。重读下句。全部经文,实以最初两科为主要。以后所说,皆是就此主要,或疏释其理体,或显明其修宗,或剖析其隐微,或发扬其归趣者也。

大抵前半部,是先令于境缘上一切法不住,如请示名持以前所说是也。其后,则令于起心动念时,一切法不住,已越说越紧矣。后半部,开章便令起心动念时,并无上菩提法,亦复不住。向后所说,皆专对此点遣除。迨说三际心不可得,使知能执者乃不可得之妄念,非真心也。更说诸法缘生,使知一切法莫非即假即空。当其万象森罗,即复了不可得。并佛之果报身,乃至证得之菩提法,一切皆是幻有,一切了不可得。昔禅宗二祖请初祖示安心法。初祖曰:将心来与汝安。二祖惶然良久曰:觅心了不可得。初祖曰:吾与汝安心竟。何谓安心已竟耶。诚以众生常住真心,久被了不可得者扰昏了。不知全由自己分别执著,以致攀缘不休,遂成昏扰扰相。所谓将心取自心,非幻成幻法是也。若知昏扰扰相,本来了不可得,绝对不取,则当下清凉矣。故曰吾与汝安心竟也。此亦如是。觅菩提少法不得,则法法头头,皆是菩提。何必他觅。故即以是法平等无有高下两语,直显菩提焉。

此平等菩提,何以能显耶? 从上来所说能所双空来也。能所何以双空耶? 从开经时所说发广大愿,行广大行来也。发广大愿,则不取法。发度无度相之愿故,是不取法。行广大行,则不取非法。以取法取非法,皆著我人众寿故。法与非法,既皆不取。则我人众寿,四者皆无。四者皆无,则法与非法,了不可得矣。亦即分别执著之三际心,了不可得矣。亦即能修所修乃至能证所证,了不可得矣。如是种种了不可得,则常住真心,所谓是法平等无有高下者,便了了而得。前所谓信心清净则生实相是也。此之谓以无我无人无众生无寿者，修一切善法，则阿耨多罗三藐三菩提。总之，此三句经文，乃开经来所说诸句归结之义。俾得握此纲要，以通达从上诸说者。并非于从上诸说之外，别发一义也。应如是融会而观照之。

且由上所说观之，可见此经开口便是说事修。以后种种理性，皆是就事修上说的。不离事修而谈理性，乃说法之要诀。何以故？即有明空，便是二边不著故。此即有明空四字，括尽般若理趣。诸君紧记，依此而行，自合中道矣。此处所说以无我修一切善法，亦具此义。盖谓当于修一切善法时而无我也。若不修一切善法而曰无我，险极！何以故？非恶取空，即偏空故。当如是知。

（癸）三，结无能所。

"须菩提！所言善法者，如来说非善法，是名善法。

无上菩提，不可执实。一切善法，又何可执实。若执实者，与执实无上菩提何异。故更须遣之。一切善法，莫非缘生假有,即有即空。故依如义说,一切善法,当下即非。但有假名耳,何可执实乎。故曰:如来说非善法,是名善法。

上云以无我修一切善法,是约能修边遣。此云非善名善,是约所修边遣。若有所修之法,即有能修之念矣。有所有能,宛然对待之相,便是分别执著。有微细之分别在,则我相仍在;有微细之执著在,则我见仍在。故当遣之罄尽。当知以无我等修一切善法,则得无上菩提者,因其是用无分别执著之心去修。所以便得菩提。盖用此平等心修,则法即无法,修亦不存有能修所修矣。无修而修,乃能无得而得也。故此科所言,乃是起修时同时之事。即是修一切善法时,便观照非善名善。使其心中见有善法,则正是我见。何云以无我等修一切善法耶。换言之。此科正释明上文无我无人无众生无寿者之所以然者。非谓修一切善法后,重又遣之也。断断不可与上科看成两橛。当如是知。

观上来所说,可知此结示一科,不但为本科举果明因之结示,乃为开经以来诸义之结示。换言之,即是开经以来所说诸义,无非令以无我修一切善法以证平等之性。至此乃为点明耳。

此经最初发大愿、行大行两科,是开章明义。以后约略计之,结示已有多次。第一次,即是不应取法不应取非法两句。第二次,为应如是生清净心一段。第三次,为应离一切相发菩提心一大段。第四次,为诸法如义无实无虚一切皆是等一大段。今乃第五次矣。而前后五次,自有其浅深次第。

第一次两句,是结度生不住相,布施不住相之义。不住相者,不应取法也。布施度生者,不应取非法也。第二次,是结示广行六度应无所住者,为令空有不著,俾如实空如实不空之自性清净心现前耳。第三次之结示,是明离相方是发菩提心。不但二边不著,并不著亦不应著。故曰:应生无住心,有住则非等。第四次之结示,是约果位以示证得清净心者之境界,是一法不住的,法法皆如的,是无我的。使知上说诸义无非为令一尘不立,将微细之分别执著遣除净尽,乃能证佛所证耳。此第五次之结示,乃是明白开示,一切法性本来平等,无有高下。故一一法皆不可分别执著。菩提法如是。一切善法亦如是。但用无分别执著之心,修无有高下,平等平等,之一切善法,便契法性,便见寂照同时之本来面目矣。前后五次,浅深次第,既丝毫之不紊。复点滴以归源,细密之至,圆融之至。

(辛)三,显胜结劝。分二:(壬)初,引喻显;次,正结劝。

（壬）初，引喻显。

"须菩提！若三千大千世界中所有诸须弥山王，如是等七宝聚，有人持用布施。

一大千内，有十万万须弥山王。聚集七宝，其多等此。如是，指十万万言也。持如许之七宝，用作布施。其施，可谓胜矣。福德之大，亦可知矣。此科是引喻，以显下文受持广说此经之福德更大也。

（壬）次，正结劝。

"若人以此般若波罗蜜经，乃至四句偈等，受持，为他人说。于前福德，百分不及一。百千万亿分，乃至算数譬喻所不能及。

流通本作受持读诵。原本无读诵字，盖摄在受持内矣。于前福德，于者，比较之意也。前，指上文以等于十万万须弥山王之七宝布施者。盖谓如前布施者之福德，可谓大矣。然而以其福德之百分、千分、万分、亿分，乃至算数不能算之分、譬喻不能譬之分,皆不能及持说此经者福德之一分也。经虽是文字名言。然由文字起观照。便由观照而相似、而分证、而究竟成无上菩提,岂一切有相福德所能比乎!

前半部收结时,明言不具说。故后半部较量显胜,今始一见。然较显之命意,亦复与前大异其趣。须知此科说在直显性体之后。显性体即是显法身。前曾以须弥山王喻报身,今却以七宝聚如十万万须弥山王者用作布施,而其福德远不及持说此经。意显持经说经,能令自他同证法身。视彼报身,如同身外之财,何足校哉。当知佛现报身等,原为利益众生令他受用。正如以财布施,令他受用也。故以此为喻,以显证法身者,并报身之相亦不住也。

金刚般若波罗蜜经讲义卷五

(庚)次,究极无住以成证。分二:(辛)初,明平等法界,显成法无我;次,明诸法空相,结成法不生。

此第四大科。合全经言之,故为第四科。但约后半部言,则是第二科。皆说如来境界,故曰究极。谓穷究无住,至此而极。所谓证者,证此也。此第四究极一科,又开为二:初明平等法界者,所以显一切法性本无有我也。即以结成前科菩萨通达无我法之义。次明诸法空相,则归结到不生不灭上。开经以来所以令离相离念以除我执者,无非为遣分别执著。分别执著,所谓生灭心也。遣生灭心者,为证不生不灭之性体也。

是为一部甚深般若之总结穴。故正宗分齐此而止,即昭明之第三十一分。其三十二分,则属流通分矣。

(辛)初,又三:(壬)初,约度生明无圣凡;次,约性相明非一异;三,约不受福德结无我。

此三科,皆紧蹑是法平等义来。意在教闻法者,当于法法头头上荐取平等之理,则可于法法头头上得见自性。初科明无圣无凡者,正显无有高下也。一真法界,平等平等,岂有圣凡之别。此义就度生上说明最便,故约度生以明之耳。

(壬)初,又二:(癸)初,明度无度念;次,明本无圣凡。(癸)初,又二:(子)初,标示;次,释成。

(子)初,标示。

"须菩提!于意云何?汝等勿谓如来作是念,我当度众生。须菩提!莫作是念。

此科大旨,与前无法可说一科相同。其不同者,不过前就所说之法言,今就所度之生言耳。然说法原为度生,度生便须说法,故大旨同也。前于无法可说中,所引十卷金光明经诸义,说明佛不作念之理由者,皆通于此。总之,佛不起心动念而能随机应缘以度众生者,不外二理。(一)因夙昔大悲大愿熏习成种之力,故能有感斯应。(二)因具二智,成三身,如大圆镜,光明遍照,故能所应不谬。

具此两种理由,所以不同凡夫,凡有所作,必须作念。莫作是念,是普诫一切人,非专对当时会众言也。盖作是念,则以凡情测圣境。岂但谤佛,自己仍迷在妄想窠中,永无成圣之望矣。故切诫之。总之,莫作是念之言,非仅令不可以轮回见,测圆觉海。实令学佛人必当断妄念耳。开经即令菩萨降伏此念,故曰实无众生得灭度者。后半部亦开口便说无有一众生实灭度者。今复就佛之度生言之,俾一切菩萨奉为准绳也。

上文虽曾两说众生非众生,然是单约众生说。今则约圣凡并说,以明平等法界,义不同前也。或曰:《法华》云:"我始坐道场,观树亦经行,于三七日中,思惟如是事,我所得智慧,微妙最第一,众生诸根钝,著乐痴所盲,如斯之等类,云何而可度?"由是观之,明明有圣有凡,何云无圣无凡?且佛于度生及所说法,皆曾详细思惟,而后说之。思惟即是念,何此经云无念耶?当知有圣凡者,约相说也。无圣凡者,约性说也。所以此经说即非,又说是名也。至于思惟之义,当分两层说明其理，以免怀疑。

（一）凡佛所说，有随宜说者，此名权说，亦名不了义。有究竟说者，此名实说，亦名了义。如上所引《法华》中此等言句，即是随宜权说。因观知一切众生，根钝痴盲，著五欲乐。与佛证得之清净智、微妙法，不能相应。如斯之类，云何可度耶。乃不得已，先为由浅而深，说三乘法。然说三乘，实为一乘，所谓开权显实是也。本经此处，正明平等法界，皆是究竟如实之说，故言句多连如来二字说之。如来者，诸法如义。何谓如？真如是也。何谓真如，离念境界是也。岂能引权以证实说。且所谓权者，亦是即实之权。故虽曰思惟，实则即思惟而无思惟。凡读佛经，第一当明此义。即如佛常自称我矣。岂可因其随宜之称。而谓如来有我相我见。

又如本经说此无上甚深之法，而著衣乞食，示同凡夫。岂可因此遂疑佛是凡夫？长老处处代众生请问，亦岂可看呆，谓长老真不明般若。世间多有以观世音菩萨是男身，是女身怀疑者。夫法身大士，本无有相。其所现身，皆是随机应缘。所谓应以何身得度者，即现何身而救度之。《楞严》、《法华》详说此义。岂可视同凡夫，局定为男为女？即以大士往因言，多劫勤修，何身不有？亦岂可举一世之身，以概多劫之身乎！佛经中类此之事，以及两相抵触之言句，甚多甚多，皆当如是领会也。

（二）思惟者，作观之义。作观亦译思惟修也。上所引《法华》两颂，四句为一颂，是承其上文我以佛眼观一句而来。两颂所说，盖谓观照众生根机耳。当知作观之时，非无念，非有念。少知作观者，便能了然此中境界。与思索妄想，绝不相同。岂可误会思惟为作念乎！总而言之，有生可度，有法可说，是约相说。佛作此观，正所谓寂而常照也。然而正当现如是事相时，即复了不可得。故又曰无法可说，无生可度，则是约性而说也。虽观而亦无所观也，照而常寂也。故将所引《法华》两颂，与此中所说者，合而观之，正是性相圆融，寂照同时之义。亦即即权之实，即实之权之义。当如是通达也。若执一疑一，便是执相疑性，执性疑相。执寂疑照，执照疑寂，此正凡夫知见，正所谓钝根痴盲，与微妙第一之智慧，不能相应者也。故学佛必须开佛知见。佛知即是知一切不可得，知一切即空即假；佛见即是不执一异。若执一疑一，正是执一执异矣。故欲通达佛法微妙之理，非将凡情俗见，一扫而空之，必不能入也。

（子）次，释成。

"何以故？实无有众生如来度者。若有众生如来度者，如来则有我人众生寿者。

实无略逗，此二字是彻底的。谓实无作念之理也。何谓实无是理，其义甚多，略说其四：

（一）若有度生念，便有所度之生，能度之我。能所者，对待之相也。便是分别，便是执著。佛证平等一真法界，故称如来。若有分别执著，何名如来？故谓如来作是念，实无是理。此约平等法界明义，亦是约如来边说。

再约众生边说之。（二）何谓众生？不过五蕴集合而已。是缘生法，缘生体空。若有度生之念，岂非不了缘生。执五蕴法为实有乎？有法执，便有我执，曾是如来而有我法二执乎？故谓如来作是念我当度众生，实无是理。此约缘生体空以明义也。

（三）众生之所以成众生，以有念故。众生之所以得度，以无念故。是故度生云者，惟令离念而已。若佛度生有念，则自尚未度，何能度生耶！故谓如来作是念我当度众生，实无是理。此约离念名度以明义。

（四）佛度众生，不过为众生之增上缘耳。而众生自己发大心、行大行实为主因。若无主因，虽有增上缘，生亦无从度也。是故众生得度，实众生自度耳。佛无此见，是佛度众生也。故谓如来作是念我当度众生，实无是理。此约因亲缘疏以明义也。

总此四义，故有众生如来度者，佛实无此念也。此句是顺释其故。若字下，复反言以释其故。有者，谓有念也。若有此念，便落能所。能度，我相也。所度，人相也。所度不止一人，众生相也。此念继续不断，寿者相也。苟有一念，四相具足。如来正令发心菩萨，除此四相。而谓如来有四相，其诬谤如来，可谓极矣。所以切诫莫作是念也。此中正破如来作是念之邪言。故但约如来边，即前说四义中之初义。以明无能、无所、无我之义，意在令学人了然于平等法界，实无有我耳。

（癸）次，明本无圣凡。

"须菩提！如来说有我者，则非有我。而凡夫之人，以为有我。须菩提！凡夫者，如来说则非凡夫。

流通本多是名凡夫一句。唐人写经，南宋藏经，及古德注疏中，皆无之，大不应有。

此科是释明无能度、无所度之所以然也。此中我字，若但作我人之我会，固无不可。然义浅矣。须知我字，正承上文我当之我来，盖指佛言。我则非我，意显平等法界，佛即非佛耳。正明无圣之意。盖佛之称，显其证果耳。如来之称，亦为显其证性耳。一真法界，离名绝相。哪有此等名字。且一真法界，一切诸佛、一切众生，同体之性之异名也。因其同体，故曰一如，故曰平等无有高下。若此中有佛字者，便有高下，便非平等，便有名相，便非空寂。故依如义而说，所谓有佛有圣者。便非有佛有圣。但凡夫之人，只知取相，不达一真法界，以为有佛有圣耳。平等法界，佛尚无存，岂有能度可说乎。且既是平等同体，不但无圣而已，又岂有凡？故所谓凡夫者，约如义说，便非凡夫也。凡尚无存，岂有所度可说乎。无高无下，平等平等，此之谓性体一如。足见后人妄加是名凡夫句，真是画蛇添足。

无圣无凡，正是无有高下之所以然，故曰平等。性体本来如是平等。所以佛说上无佛道可成，下无众生可度。盖度即无度，成即无成也。所以说平等真法界，佛不度众生。所以佛眼观一切众生本来是佛。此皆约性体平等义说也。

何故说平等义？为令发心菩萨通达此义。应以无能、无所、无法、无我之心，修一切善法，乃能如是而证也。由此可知修行人虽应发愿转凡成圣。然发愿已，即须将凡圣之念抛开。若不抛开，圣凡永隔矣。何以故？圣之成圣，凡之成凡，正由一无念，一有念故。起念，便有高下，便非平等故。古人开示修行，有一句最好。曰：但蓦直行去。蓦直者，绝无瞻顾之意。行人只要明了道理，认准方向，便一直行去。转凡不转凡，成圣不成圣，以及一切生死利害等等，概不挂念。如此，便与道相应，与性相应，速能成就。否则反不能成也。古人又有警句曰：古庙香炉去。谓应万念灰冷也。圣凡尚不挂念，其他可知矣。

（壬）次，约性相明非一异。分二：（癸）初，总显如义；次，别遣情执。

（癸）初，总显如义。

"须菩提！于意云何？可以三十二相观如来不？"须菩提言："如是如是以三十二相观如来。"

此约性相明非一异一科，为全经紧要眼目，而义蕴幽深，非逐层细剖,不易明了。

观,与见不同。约如来现身言,曰见;约学人修观言,曰观也。问意盖谓,可以观想有相之应身,即是观想无相之法身不?一有相,一无相,当然不可。然而应身原从法身显现。无相之无,本非是毕竟无。所谓实相,无相无不相,是也。则又未尝不可。虽然,若执以为可,未免取相,而有著有之过矣。故下有初遣取相明非一一科之文。然若执以为不可,又未免灭相,而有堕空之过。故下又有次遣灭相明非异一科之文也。试看长老所答,可以增长见地不少。再闻佛之所遣,更令人豁开心眼多多。须知开经以来层层遣荡,屡说即非是名,无非为防学人著于一边。此处明性相非一非异者,正是说明不应著于一边之所以然也。

于意云何?探验见地之辞也。前已屡次探验矣。今更探验者,因此处不曰见,而曰观。问意极细,迥不同前也。盖正恐学人闻得诸法如义,及是法平等者,笼统颟顸。未能深入精微,而自以为一如平等矣。则差之毫厘,谬以千里。故更须探验之,而开示之也。

欲说答辞,有二要义,必当先明。(一)般若会上,佛令长老转教菩萨。见《大般若经》。可见长老久已与佛心心相印。

般若义趣,早已深知。此经故示不知者,代众生请法故也。
(二)甚深之理,本无可说。今不得已,于无可说中而言说之。一人一时,不能说两样话。故寄于二人,用问答体说之。则甚深义趣,较易明显耳。依上两义,故长老所说,无异佛说。一切经中当机人,皆应作如是观。不但此经为然。此是要义,不可不知。

如是如是句,若但作应诺之辞会,不但浅视长老。经中所含深旨,亦不显而晦矣。何谓浅视长老耶?且如初次佛问可以身相见如来不?长老即答身相即非身相。二次问,可以三十二相见如来不?又答即非是名。第三次问,佛可以具足色身见不?如来可以具足诸相见不?皆答以不应。何此中忽又执相如此?长老固是代表众生,然而既明忽昧,于理不合。所以如是句,实非应诺之辞,乃是说理。

如者,诸法如义也。是者,一切皆是也。前不云乎?前半部中,无一答如是者。后半部答如是处,皆表精义。如明五眼中,每答皆称如是。此明肉眼非定肉眼,乃至佛眼非定佛眼。总之,五不定五,一不定一,不可执一也。正所谓诸法一如,一切皆是。意显惟如则皆是,不如则皆非是。故每答皆称如是。次问说是沙不,亦答称如是者,此明如来说是沙,乃以如义说是，非同凡夫之说是也。再问福德因缘，亦答称如是者，此明法法皆是缘生，体会得缘生性空，则法法皆如，法法皆是。故下接云：此人以是因缘，得福甚多。意显惟其缘生，始有多福之可得。亦惟其缘生，应不执著缘生相，而会归一如性。则虽法法皆是缘生，亦即法法皆是佛法矣。此外皆未答如是。至此，复答称如是者，意亦同前。而两称之者，令人当重视如字。必其能如，而后方是耳。

其意盖谓三十二相，亦诸法之一。诸法皆是真如，岂三十二相不是真如。但必应会得如义，方是。何以故？若领会得性相一如。既不灭相，亦不执相。则观三十二相应身，即是观如来法身也。若违如义，势必执相以观性，否则灭相以观性，则无一而是矣。如是如是以三十二相观如来，应作一句读之。总以明依照如义，以三十二相观如来，则是也。长老之意，盖谓观不同见。心中作三十二相观时，本是无相之相。如来现三十二相，亦是相即非相。今了其无相之相而作观。则既非取相，亦非灭相。正与实相无相无不相之义合。亦即与诸法如义合。亦即与如来合。故曰：如是如是以三十二相观如来。意显既一如矣，观相即是观性也。

长老答意，实是甚深，实是甚圆，实与佛旨相应。而下文如来更加破斥以遣荡之者。以长老所明如义固是。但其中尚有微细之理，不可不认清辨明。否则势必至于笼统颟顸，未见谓见，认驴鞍乔，为阿爷下巴矣。此义实关紧要，乃为一般学人最易含混者。故佛与长老，一问一答，以显明此隐微深旨，俾学人不致误认耳。

(癸)次，别遣情执。分二：(子)初，遣取相明非一；次，遣灭相明非异。(子)初，又二：(丑)初，破解示遣；次，说偈结成。

(丑)初，破解示遣。

佛言："须菩提！若以三十二相观如来者，转轮圣王则是如来。"须菩提白佛言："世尊！如我解佛所说义，不应以三十二相观如来。"

佛意盖谓，汝言如是如是以三十二相观如来，乍聆之甚是也。然而本源之地，若未认清，诚恐似是而非。何以故？三十二相，岂但如来现此相哉，转轮圣王亦具有之。然而轮王之相，是由福业来，不同如来是由法身显。今遽笼统曰：如是如是以三十二相观如来。然则轮王亦是如来矣，岂非大谬。当知佛言固是说所观之相,意实开示能观之人。盖以业识未空之轮王,因福业故,亦有三十二相。足见相皆虚妄,不足为凭。然若观者业识已空,岂但轮王之三十二相不能蒙蔽,即观众生五蕴色身,亦能洞见法身,而不见有五蕴。苟或不然,虽与如来觌面,亦但观相,而不能观见法身矣。

佛之言此,正因初发心修观者,无明分毫未破,方在业识之中。若闻一如皆是,是法平等之说,不揣分量,遽谓观相即是观性。不知所观者,正是识而非性也。一切学人应于此中细细勘验。

云何勘验?(一)博地凡夫,自无始不觉自动以来,久已性相不一矣。何故不一,由于取相。何故取相,由于业识。故必须尽空诸相,剿绝情识,方足语于性相一如。(二)佛说如义,是令体认一真法界,除其分别执著而无我。故当自审:分别否?执著否?倘有微细分别执著,便是业识,何云观相即是观性乎!

总之,一如平等,惟有诸佛方能究竟。必须既不执实,且虚相亦泯,直至一念不生,并不生亦无,方是一如而不异。故所谓诸法一如者,是只见一如之性,不见诸法之相。不但此也,直须虽一如平等,而亦无所谓一如平等,乃为真一如,真平等。岂业识未空者，所能妄以自负。今云以三十二相观如来，明明存有能观所观。便是分别执著，业识宛然，乃云如是如是。殊不知早已非如，毫无一是矣！古今多少行人，粗念稍息，便谓已证三昧。习气仍在，辄云任运腾腾。是皆以混滥为圆融，鲜有不堕落者。观此经文，真是顶门上痛下一针。

世尊所破，长老原已洞明，故得机便转。而前之所答，亦是悬知众生之病，所以笼统其辞，待世尊破斥之。俾一切众生，皆得自勘自破，不致混滥耳。

凡标须菩提白佛言句，皆示郑重之意。此中亦然。意在令学人于此番破解，不可忽略看过也。解所说义者，闻知轮王亦同此相，相不足据。便解得诸法一如，必须尽泯诸相而后可也。长老如是解，正令学人应如是解。不应者，意显非绝对不可。若其情识已空，则有相等于无相，无相何妨有相。而非少有情识者，所应混滥也，故曰不应。此语正是切诫学人者。

总之，佛说一如平等，是令一异皆不可执。今以相观性，明明执一矣。尚得曰一如乎。

转轮圣王者，以十善化世，不待兵戈，威伏四方，为人世第一大福德人，自然有七宝出现，随意自在。第一曰轮宝，王乘此轮，巡行四方，因称转轮圣王。轮有金、银、铜、铁四种，得金轮者，曰金轮王，王四大洲。银轮王，王东西南三洲。铜轮王，王东南二洲。铁轮王，王一洲，即南阎浮提也。以福德力具三十二相，但欠清净分明，因其是由有漏福业而成，不同佛之由无漏法身而现者也。

（丑）次，说偈结成。

尔时，世尊而说偈言："若以色见我，以音声求我，是人行邪道，不能见如来。"

尔时者，破解甫竟之时。标此二字，是令学人应与上科同时体会。因偈中所说，正是所破所解之所以然故也。色字，统指一切色相，三十二相亦摄在内。两"我"字，指如来言，即谓性也。音声，赅说法音声在内。正谓不可执取上来一如平等诸说，向文字音声中求也。见色者眼识，闻声者耳识，举二识以概其余也。总之，见闻觉知，虽其体是性。然众生自无始来已变成识。今若以色见，以音声求。显然业识用事，执著六尘境相。乃欲以是见法身，以是求法身，明明是妄见，明明是向外驰求。其知见已大大不正，尚欲见法身如来乎。故斥之曰：是人行邪道，不能见如来。以真如之性，非是分别执著之业识境界故也。结成欲观一如，非尽空情识不可之意。

或曰：佛经中每令人观佛相好，何也？须知此是方便。所谓方便，含有两义：众生处处著相，故令舍染观净，此一方便也。既知观净，即复令趋究竟，如此中所说，此二方便也。盖步步引人入胜，是之谓方便。所以《十六观经》中，最要者为是心是佛，是心作佛数行文。明得一切唯心，则知虽观相好而不执实。其分别执著之情识遣矣。所以念佛人虽观见弥陀现前，极乐现前，亦不可著者，此也。何以故？相由心作故。自性清净心，本来无相无不相，相不相更不必置念故。此理不可不知也。当知置念，便是分别矣，执著矣。

上来遣相已遣到极处，亦即后半部无法发心以来之总归结处。盖发心时，即不可取著菩提法者，因少有所取，便著色相。便是向外驰求，便非正知正见，便是法执我执。便与空寂之性相违。岂能见如来哉。所以令菩萨通达无我法者，此也。否则盲修瞎练，走入邪道，欲煮沙以成饭，永永不能达到目的。因修行是以见如来为目的故也，故应通达也。

然而遣相者，但为不可取著而已。若误会是灭相，则又大非。故又有下一科文来。以下是(子)次,遣灭相明非异一科文。今先说其要旨。

此一科,不但在后半部中,有万钧之重。即开经以来所说不应取非法,非非法,以及既说即非,又说是名等义,直至此处,方说明其所以然。故在全经之中,与上明非一一科,同为紧要关键。譬如千山万壑,迤逦蜿蜒,行至此处,乃回转环抱,团结起来,遂使前来无数峰峦起伏,莫不一一映带,有情有势焉。须知前半部是对初欲发心者说,所以空有皆令不著,以合中道。凡说即非是名处,其语气大都两边兼顾。既不可著有,复不可著空。所谓是名者,含有名相虽假,未尝不是之意。

至后半部是对已经发大心、修大行,并能不取一切法相者说。但恐其独独取著菩提法相,则终为空寂之累,终不能证性。而此执甚细,最为难除。故后半部所说,皆向著有边痛遣。虽有时即非是名并说。然其语气,多侧重即非边。含有法相虽是,终为假名。因是假名,所以即非之意。必待遣得一尘不染,一丝不挂。然后又掉转头来,说不应著空。故曰有万钧之重也。此正宗下所谓,百尺竿头,更进一步之意。又曰:还要翻个筋斗。翻筋斗者,掉转头之谓也。且前半部所说不应著空，但说其当然。若无此中于法不说断灭相句，为之点醒。不但其理未明，亦无归结，而全经精神亦不团聚矣。所以说上科与此科，为全经重要关节者，因其是开经以来所说诸义之归结处故也。虽然，后半部开章后，既专遣执有。上科虽为遣有之总归结，义蕴幽深。然理本一贯，尚易说明。惟此科忽然转舵，眼光四射。其语气精神，直贯注到前半部。故一句之中，赅括多义。真如侧看成峰，横看成岭。面面皆放光明，皆成异彩，不知从何说起。今欲说明一面一面的道理，宜先说其大旨。大旨明了，面面亦较易明了也。

当知性为一切法之体，相是表面。所以修行者原为证性，故不应执著表面之相。此一定之理也。然而有里亦须有面。若但有主体，而绝无其表，主体亦孤立而无所用。所以修行欲证性者，既不应执取相，亦不应断灭相。此亦一定之理也。譬如造屋，梁柱是主干，是体；门窗户壁乃至砖瓦灰石等等，是表面，是相。自然最先要注重梁柱。若但知取著外表之相，而不知注重主干之体，如何其可。然若但有主干之梁柱，绝无门窗户壁，尚得名之为屋哉。造屋如此，修行亦然。观此譬喻，其不应执相，亦不应废相之理，可以了然矣。此佛说此科之最要宗旨也。

（子）次，遣灭相明非异。分二：（丑）初，标示切诫；次，结显正义。

（丑）初，标示切诫。

"须菩提！汝若作是念，如来不以具足相故，得阿耨多罗三藐三菩提。须菩提！莫作是念：如来不以具足相故，得阿耨多罗三藐三菩提。

如上所说，可知此遣灭相一科，义意之深广矣。然而不但深广已也。复多隐含之义，头绪又繁，极不易说。说既不易，领会之难可知。然既为重要关键，断不能不细心领会也。即如初标示切诫中，开口便奇。何谓如来不以具足相故得无上菩提耶？当知表面说具足相，实则隐含修福德之义也。因具足相，由修福德来也。佛经中此类句法甚多，所谓互相影显是已。以文字言，如曰莫作是念，如来不以修福德故，得无上菩提，岂不直截了当？今不如是说，而以具足相为言者，盖有两重深意：

（一）为引起下文不说断灭相，以对上文之不执取相，显明二边不著之义也。且上言如来，下言具足相，可显性虽无相,而亦无不相之义也。

（二）说一具足相,闻者可以领会句中影有修福德。若说修福德,闻者未必能想到是说具足相。是之谓善巧说。总之,如此一语双关而说者,因上文说轮王亦有三十二相而是由修福来,既已破斥。恐人误会证性者不必修福。又因上说以色见我,是行邪道。恐人误会见如来者必须灭相。今如此立说,则两种误会俱遣,故曰善巧也。汝若作是念是字,指下文不以具足相等。正恐闻上言者,发生误会,而作是念也。长老是当机,是众生代表,只得向长老发话。其实是普告一切人也。

得阿耨多罗三藐三菩提句,隐含多义,当逐层说之。

（一）阿耨多罗三藐三菩提,义为无上正等觉。然亦摄有佛及如来之义。何谓摄如来义耶？如来者,平等法身也。无有高下,体绝对待,故曰无上；既是平等,故曰正等；不觉则不能证,故曰正觉也。何谓摄有佛字义耶？佛者觉也,故曰正觉；自觉觉他,无二无别,故曰正等；觉已圆满,至究竟位,故曰无上也。故无上正等觉,可谓性德如来、果德佛之统称。此中不曰佛,不曰如来,而举统称之名为言者,为显二义：

（甲）因上句显说具足相,隐含修福德。若单约修因克果之福德言，应用佛称。若单约相虽非性，亦不离性，之具足相言，应用如来之称。今上句既具隐显二义，故宜用兼含性、果二德之统称也。

（乙）说一得阿耨多罗三藐三菩提，正为引起下文之发阿耨多罗三藐三菩提来。盖欲藉果证以明因心也。藉果明因者，所以阐明后半部开章时所说，实无有法发阿耨多罗三藐三菩提之真实义也。开章时先说无法发菩提之义，接明无法得菩提之义。一发一得，相对而说。此中亦一得一发相对说之者，正所以补足开章时所说之义也。何谓补足。盖阐明前所谓法者，即摄非法。前所谓无法者，是二边不著，法与非法皆无。如此，方是发菩提。若但会得不取法一面，未免落空。尚得谓之发无上菩提乎？是此中得发并说，故与开章时并说者，相映成趣之要旨也。由此，又足证明菩提下前说既无心字。则此中下文发阿耨多罗三藐三菩提之下，岂可著一心字。乃不明经旨者，笼统滥加，岂非大谬。

（二）说一得字，更有精妙之义。盖此得字，正针对上科观字而说者也。针对观字而说得字者，所以明观则不应取相，得则不应废相之义也。何以故？修观之道，重在见性。观相岂能见性。前半部中，已说得明明白白，曰：若见诸相非相则见如来。故欲见如来者，必须能见诸相即是非相而后可。今云以三十二相观如来，并未能见相即非相，何能见如来耶？乃谬引如义，自以为是。不知如义者，虽不废相，亦须不取相，方名为如。今著于一边，何名为如耶！颠顷甚矣，故破斥之曰：行邪道，不能见。以明性相之非一也。

此科不说观而说得者，是约修因证果说也。亦即约性相相得说也。何以故？性相不相得，不名证果故。意显若能不著于相，相亦何碍于性，故相得也。总之，性是里，相是表。约表里言，性相非一也。若约表必有里，里必有表，表里合一言，性相则非异也。此如买屋者，应观其梁柱。若但观外相，而曰观外相即是观梁柱，岂非笑谈。然若只有梁柱，而门窗户壁，外相一概无有。则虽得此屋，等于不得矣。修行亦然。约观言，必应不取相。约得言，必应不废相也。明兹譬喻，则一异皆不应执之理，当可彻底了然。更可见佛所说法，语语有分寸，字字含妙理。诚恐学人粗心浮气，于性相非一非异道理，囫囵吞枣，不能潜心细领。今观如上所说，我世尊已将性相圆融中之行布，为一切学人，画得了了明明，清清楚楚。若能深切体会，自能既不取相，亦不取非相。又有行布，又能圆融。事事皆合中道，法法不违自性矣。

（三）前条所说，更有互相影显之义在，不可不知也。何以言之？上科说观，是约因边说，是明修因者，不可取相也，不可修有漏之福也。当知修因既不可取相，证果又何可取相？但非废相耳。在因位时，不可修有漏福者，以修无漏之因，乃能证无漏之果故也。此科说得，是约果边说，是明证果者，并非废相也，亦非不由修福来也。当知证果既非废相，修因又岂应废相，但不可取著耳。果非不由修福来。然则在因位时，但不应修有漏之福耳，岂令绝对不修哉。因果一如，故互相影显以明之。

（四）上科与此科，两两对照观之，复有要义。上科长行中之意，若云：轮王亦有三十二相而非如来，是明修福不修慧，不能得无上菩提果之义也。此科切诫莫作不修福得菩提之念，是明修慧不修福，亦不能得无上菩提果之义也。上科四句偈中，呵斥以色声见如来为行邪道者，明见性不应取相之义也。此科切诫莫作不以具足相得菩提之念者，明见性亦非废相之义也。由第一条至此第四条，合而观之。已将理、性、事、修，以及性相非一、非异、又行布、又圆融之因因果果，说得细密之至，周匝之至矣。然而所含之义，犹不止此。

（五）上科言观，此科言念。观，念，一义也。两科合言，意显相与非相，福与非福，两边不著，为正观、念也。若其但取一边，即非正观正念。何以故？不合中道故。故上科取相，便以行邪道呵斥之。此科取非相，又以莫作是念切诫之。

（六）三十二相是应身，应身生灭无常，于明性相非一之义便。故上科遣取相，则举三十二相言之。具足相，即前所谓具足诸相，是报身。然约相言，名报身；约性言，即是报得法身，于明性相非异之义便。故此中遣灭相，则举具足相言之。当知如此而说，亦是互相影显以明义者。何以故？三十二相不应取，可知具足相亦不应取。具足相不应灭，可知三十二相亦不应灭。分而说之者，但为便于显明非一非异之义耳。

（七）不以具足相得菩提中，更含精义。当知具足相之成，是由福慧双修来，不但修福已也。何谓双修？修福时便知不著相是。知不著相，便是慧也。因此，乃能成具足相，得无上菩提。此与轮王大异其趣者，盖轮王福业，称为有漏者，无他，修福著相故耳。故只能成三十二相，只能得轮王果。由是可知，此中虽是说不灭相，其实兼有不取相义在。此其所以能与性不异也。此层为此科精妙之义。所以举具足相以明非异者，宗旨在此。何以故？非异即是一如。必其相与非相,两边不取,方名一如。若上科所说,是但知不取非相一边,何名一如哉!

综合上说诸义,则此科之义,便可洞明。无非恐人闻上来遣相之说,偏于空边。误会是绝对无相,则与实相之无相无不相相违。便非诸法如义,便非是法平等,便不得无上菩提之果,而不见如来矣。故切诫以莫作是念也。若作是念,乃邪见非正见故。论道理,论语气,只此莫作是念一句,于义已足。今复接说如来不以具足相故两句者,盖重言以申明之。使人知注重此两句是要义,不可忽略耳。故莫作是念须连下两句一气读之。若念字断句,便觉下两句重复矣。

曾见清初一刻本,误从念字断句。又嫌下两句重复,遂删去不字。而作如来以具足相故,得阿耨多罗三藐三菩提。此大谬也。须知有一不字,含有虽不应取相,亦不应废相之意在。语气便双照二边,何等圆融活泼。若删去不字,语气便著于取相一边,沾滞呆钝,相去天渊矣。《大智度论》云:般若如大火聚,四面不可触。岂可钝置一语。试看本经文字,从无一字说煞。以文字论,亦是绝妙神来之笔。非罗什大师译笔,不能妙到如此。取他译本比而观之,自知。此种清初刻本,幸他刻未仿效之。不然,今流通本中,又多一毒矣。

（丑）次，结显正义。

"须菩提！汝若作是念，发阿耨多罗三藐三菩提者，说诸法断灭。莫作是念，何以故？发阿耨多罗三藐三菩提者，于法不说断灭相。

此科经义，甚为曲折细致，当潜心领会之。流通本，菩提下皆有心字，唐人写经皆无之。大约加入心字，起于五代。不应加也。

此科正是说明上来标示切诫一科文之所以然者，汝若作是念至说诸法断灭一段，是说明上文作是念之所以然。何以故下一段，是说明上文莫作是念之所以然。上科正义，至此方显，故标科曰结显正义。汝若作是念，即谓作一如来不以具足相故得无上菩提之念也。

说诸法之法字，紧承具足相来。因具足相，是由修福而成。云何修福，广行六度诸法是也。是故若说不以具足相，便无异说不用修六度法。岂非说成诸法断灭乎。故曰说诸法断灭也。中间又有发阿耨多罗三藐三菩提一句，何谓耶？当知世尊因后半部开章时，曾说无法发菩提。诚恐未能深解其义者,闻得后来又说,我于阿耨多罗三藐三菩提,乃至无有少法可得。上科且说:若以色见我,是行邪道,不能见如来。势必误会曰:前所云无法发菩提之义,我知之矣。得菩提者,既无少法。且明明开示以色见为邪道。色者,相也。可见如来得无上菩提,全与具足相无关矣。此作不以具足相故得菩提之念之来由也。若作是念,便有第二念曰:具足相者,是由行六度法,勤修福德而来。所谓百劫修相好是也。今得菩提,既与具足相无关。且明明开示得菩提者无有少法,可见发菩提者,亦必不应有少法。但当一心趋入空寂之性而已。凡六度诸法所谓修福德修相好者,全不可放在心上。此所以开示无法发菩提耳。行人若如此误会,与佛旨相背而驰矣。走入邪道矣。势必一法不修矣。何以故?说成诸法断灭故。尚得谓之发无上菩提乎?故切诫以莫作是念也。

由此可知佛说此科,正是说明为何作是念之所以然者。而佛于遣取相之际,忽然掉转头来,说此遣灭相一大科,又正是阐明前云无法发菩提之真实义者也。此科之关系重要也明矣。故顷言义甚曲折细致,当潜心领会也。凡说理到精深处,切须细辨。不然,势必差之毫厘,谬以千里,走入邪道而不自知,危险之至。此学佛所以宜开圆解,而以亲近善知识为急务也。

何以故下,正明不应作是念之所以然。意若曰:前言无法发菩提者,是说不应存一念曰:此是无上菩提。以除其取著法相之病耳。何尝说断灭法相耶!故曰:发阿耨多罗三藐三菩提者,于法不说断灭相。夫前说无法发菩提时,已说得明明白白,曰:发阿耨多罗三藐三菩提者,但当生起度生本应尽之责,虽尽亦等于未尽之心。岂是说断灭诸法乎!后又言,若菩萨作是言,我应灭度无量众生,则不名菩萨者,亦是说不可存一我能尽责之心。岂是说断灭诸法乎。佛得菩提无少法可得,是说虽得而不存有所得,亦非断灭诸法也。证法身,得菩提,必须福慧双修。以福慧双修,乃能悲智具足故也。何能言具足相绝对无关耶。乃竟如此误会,大谬大谬。当知世尊大慈,因上来极力遣相,惟恐颛顼者,未能深解,难免有此误会。故如是恳切告诫之耳。如是告诫者,非但为阐明无法发菩提之真实义。且意在开示学人,欲证平等法身诸法如义。必须尽歇狂心,一念不生而后可耳。何以故?动念便有分别执著故。故曰莫作是念也。由此言之,此中菩提字下,万不能著一心字,显然可见矣。

总而言之,开经来所说诸义,若无此别遣情执下两大科文,便难彻底领会,则亦无从演说矣。当知自开经来演说种种两边俱遣的道理,皆是摄取此处两大科之义而说者也。故此两大科,为全经中重要关键,因其义可以贯通全经故也。

即如前半部,启口便说灭度无量无数无边众生,实无众生得灭度者。是说度尽众生,而不著相。非说一生不度,而为断灭相也。又说于法应无所住,行于布施。是说行布施时,不应住相。并非不行布施,而成断灭相也。所谓应如是降伏者,是执著与断灭两边皆要降伏,不是降伏一边。所谓但应如所教住者,即是两边降伏,两边不住。如是一无所住,自能得所应住。亦即是如所教住。故曰若心有住,则为非住也。所以世尊示同凡夫尘劳之相者,即是表示不执著具足相、三十二相,而又不断灭相也。是之谓一如,是之谓平等。所以是经有无边功德,而能信心不逆者,便为荷担如来,增福灭罪,当得菩提。而此义甚深,必须深解。否则非惊怖而狐疑,便颠顶而狂乱矣。

不但此也。前云通达无我法者,是不但应通达不取法相之理,且应通达不灭法相之理。何以故?若取法相,即著我人众生寿者。若取非法相,亦复即著我人众生寿者。必须于一切法相,既不取,又不灭,乃能证得平等一如之法性而无我。是真能通达者矣。故得此两大科,全经便融成一片,义蕴毕宣。所以下科即以知一切法无我得成于忍,圆满收束。

此明非一非异两大科文中,复有一极要之义。其义云何?所谓非常非断是也。明非一一科,是说非常,三十二相之应化身,随时显现,生灭非常也,因其非常,故与常住之性非一也;明非异一科,是说非断,具足相即是报得法身,故非断也,因其非断,故与常住之性非异也。虽然。此犹据随宜之义而说,若依究竟了义说之,法、报、应三身,皆是非常非断。此两大科文中,明明曰如来,指法身说也。明明曰具足相,指报身说也。明明曰三十二相,指应身说也。夫三身并说,以明不应取相,不应灭相者。盖因其非常,故不应取也;因其非断,故不应灭也。可见经旨,明明是显三身非常非断之义。岂能漏而不说乎。此义亦般若要义,不可不明者也。何以故?非常非断之义明,非一非异之义,可因而更明。非一非异之义,若得洞明。然后见圆而知正也。然而其义甚不易明。诸大乘经论中,虽屡屡说之,而说得最详最透者,莫过于十卷《金光明经》。今当引而说之,想为诸君所愿闻也。

彼经曰:"依此法身,不可思议摩诃三昧,而得显现。依此法身,得现一切大智。是故二身,依于三昧,依于智慧,而得显现。"摩诃者,大也。三昧者,定也。大定对大智言。大智即大慧也。定慧从绝对之法身显现,故皆曰大。皆曰大者,明定慧之均等也。明定慧均等者,显寂照之同时也。定慧约修功言,寂照约性具言也。寂时照,照时寂,非言语心思所可及,所谓离名绝相。故曰不可思议。此句统贯大智。

"二身",谓报身、应身也。盖谓法身性体,本来离名绝相,寂照同时。但无修莫证。然若非性体本具,定慧之修功,亦无从显现。故曰:依此法身,得现大定大智,此表面之义也。骨里,是开示必须离名绝相,依本寂以修定,依本照以修慧。定慧修功,圆满均等,便能寂照同时,便是证得法身。迨至法身证得,报应二身之相,即复显现。故曰:是故二身,依于三昧智慧显现。观此段经义,可知必须离名绝相,以修定慧,方能证法身之性。然亦不断灭报应二身之相也。报应二身,彼经译名微异。通常所称之报身,彼则译为应身。通常所称之应身,彼则译作化身。一切经论及古德著述中,此等异名,常常遇之。初学每以为苦。然若细观经旨,便知所指而得会通,亦不必畏其难也。

彼经又曰:"如是法身三昧智慧,过一切相,不著于相,不可分别,非常非断,是名中道。"此明法身非常非断也。法身三昧智慧者，意显定慧圆足，便是法身。非此外别有法身。盖三昧智慧，即指法身言。不可误会法身、三昧、智慧是三件事。观前来所引彼经依于法身云云，可以了然矣。何以故？从来皆说报身应身，从法身现。而彼经云：二身依三昧智慧得现。足证三昧智慧，即是法身也。所以凡夫本性，但称佛性。有时则称在缠法身，在障法身。从无有单称法身者。正以其无有定慧。或虽有而不具足。既未证一真法界，未能寂照同时，何能称法身哉。然则既须定慧具足，方名法身。可见法身不外定慧具足矣。

过一切相下四句，明义精极。过者，超过。过一切相，犹言超乎相外。既曰过一切相矣，又曰不著于相，何耶？过一切相句，明其无相也。性体大而无外，亦复小而无内，超然于一切对待之表，故无相也。

不著于相句，明其无不相也，因其无不相，乃有不著之可言也。盖性虽非相，而一切相皆从性现。虽从性现，而性仍超乎其外，故不著也。此二句互明其义。因其超然，所以不著。因其不著，故知超然也。合此两句之义，正所以显性相之非一也。何以故？性虽随缘现相，而仍超然不著故。此所谓不著，是言其法尔不著。何以见之。相皆生灭无常，而性之常住自若，不因其随缘现相，便为此生灭相所妨也。可知其本来不著矣。故性与相非一也。此两句，亦是说明法身与报应二身非一也。

不可分别句，所以显性相之非异也。亦即是说法身与报应二身非异。何故不可分别而非异耶。彼经自明其义曰："虽有分别，体无分别。虽有三数，而非三体。"盖谓报应二身，只有相而无体，体惟法身而已。所以数虽有三，而体非三。相虽有别，体则无别。故不可分别之言，是约体说者。然亦是一语双关，因其时时现分别之相，乃有不可分别之可说。所以不可分别句，一面固显其体无有别。而一面却显其现相无休也。由是可知非一非异之界限矣。盖以性融相，则非异；性相对举，则非一也。

非常非断，紧承上三句来。时时显现体虽无别，而用则有别之相，故曰非常；然相虽非常，而法身之性，仍复过一切相，不著于相，故曰非断。

或问：从来说法身常住。因其常住，乃名法身。故说法身非断，其义易明。法身虽现报应等相，今云非常，亦是约相而说。然则何云法身非常耶？此义终难了然。答：所谓法身常住者，乃单约法身言也。然证得常住法身不生不灭之体已。若住于体，而不现相。则不能与众生接近，何以利益众生耶？故诸佛，诸大菩萨，为利益一切众生故，恒现报身，及应化等身生灭之相，而不住著法身。就其有常住法身而不住言，故曰法身非常也。然虽不住，因其常在大定之中，故所现之相，尽管生灭炽然，而法身之常住自若。所谓过一切相，不著于相者，实由于此。故又曰法身非断也。当知法身非常，正所谓不住涅槃。法身非断，正所谓不住生死。两边不住，故曰是名中道。法身两边不住者，言其既不著于法身，亦不住著于报应等身也。此正寂照同时境界。非定慧功夫修到圆满均等，不能至此境界也。本经启口便令发大愿，修大行，除其我执者，因此。以我执未化，必分别执著。少有分别执著，便不能两边不住，又岂能定慧均等。则寂照同时境界，何能达乎！

彼经复曰："化身者，恒转法轮，处处随缘，方便相续，不断绝故，是故说常。非是本故，具足大用不显现故，说为无常。"彼经译应身为化身，此明应身非常非断也。是故说常，犹言故说非断。以应身随缘，恒现不断，故说非断也。无常犹言非常。非是本者，言应身非本性之体也。报应等身，皆本性显现之相用，故非是本。用由本显，非由用显。报应二身已是用矣,不能更显用。故曰具足大用不显现。此句正明报应是相。相是生灭法,故说为非常也。

彼经又曰:"应身者,从无始来,相续不断,一切诸佛不共之法,能摄持故,众生无尽,用亦无尽,是故说常。非是本故,以具足用不显现故。说为无常。"此明报身非常非断也。彼经译报身为应身故。不共之法,如十力、四无畏等,惟诸佛有之。菩萨亦未具足,故曰不共。摄持有两义:此不共之法,为报身之智用,摄持于报身。一也。报身具此智用,遂能摄持众生。二也。故接曰众生无尽,用亦无尽。综合上所引之经义观之,非一非异,盖有三义。

法身体也,报应等身用也,故非一。若以体收用,则不可分别,故非异。此一义也。

而法身之非常,是常而非常。二身之非断,是断而非断。故法身之非常,乃二身之非断。此性相之所以非异也。法身之非断,是毕竟非断。二身之非常,是毕竟非常。故法身之非断,乃二身之非常。此性相之所以非一也。何以言之。法身之非常,是约相续现相说。经云不可分别者,明其相续现相,而体惟法身也。相续现相,故曰非常。体惟法身,故曰常而非常。法身之非断,是约常住本体说。经云过一切相,不著于相,正明其常住本体。因其常住本体,故虽现相而能超然不著也。常住本体,故曰非断。现相而复超然不著,故曰非断是毕竟非断。彼二身则不然。二身之非常,是约非是本体说。经云非是本故。既非本体,故曰非常是毕竟非常。故曰法身之非断,乃二身之非常,性相之所以非一也。何以故?一常住本体,一非是本体故。二身之非断,是约现相相续说。经云相续不断故。既显现相续,故曰非断。故曰法身之非常,乃二身之非断,性相之所以非异也。何以故?同是约现相相续说故。此非一非异之又一义也。

又复三身非常非断之名,非异也。而法身非常非断,与二身非常非断之所以然,则非一。此又非一非异之一义也。

总之,说一有种种一,说异有种种异。且一之中有异,异之中有一。是故说一说异,非也。说不一不异,亦非。说一说异,是也。说不一不异,亦是。然则非可说,非不可说。执则皆非,不执则皆是耳。当如是见,当如是知。如是见者则为圆见,如是知者乃是正知。

或曰:由上所引经观之,可见报应二身,同是生灭相,同一非本。何故本经约应身明非一,约报身明非异耶?须知应化身之相续,是证法身后,方便随缘所现。且轮王亦有之。

而法身性体，则常住不变。其为非一，最为显明。故约应化之三十二相，以明非一也。

若夫报身。是与法身同时成就。故本经曰：以具足相故得无上菩提。正明其成就具足相，即是证得无上菩提也。当著眼故字。且如《金光明经》明报身之义曰："应身者即是报身从无始来，相续不断。"相续不断句，报应所同。此明其与法身非一也。从无始来句，报身所独。即明其与法身非异也。当知法身可云无始。报身须无明尽后，乃始证得。今云从无始来何耶？此义甚精，细剖方明。

盖报身有二种名，一曰自受用报身，一曰他受用报身。本经曰具足相，金光明经曰相续不断，曰众生无尽，用亦无尽，皆是约他受用边说。然必自受用之义明，他受用之义方明。

今先言自受用。自受用报身非他，即指自利之内证圆智而言，假名为身耳。此智固由修功而现，然实性体本具。若非本具，修亦不现。譬如钻水不能出火，煮砂何能成饭。然则性体无始，此智亦复无始矣。故自受用报身为无始也。

再约他受用言之。自受用，他受用，名虽有二，其实是一。盖约内证自利之圆智言，曰自受用。约现相利他之大用言,曰他受用耳。既曰圆智,必有大用。若无大用,何名圆智。一表一里,似若有二。然而表里合一,乃得身名。故名二而实一也。且智是性具,用亦何尝不是性具。故他受用报身,亦为无始也。综上诸义,报身与法身非异,其义显然。故约报身之具足相,以明非异也。若克实论之,即应化身亦可云无始。何以言之?应化身为修种种法,通达俗谛之事,功行圆满,得大自在。故能随众生意,现种种身。然何以通达俗谛之事乎?由于通达真谛之智故也。可见事摄于智矣。是故报身无始,应身亦复无始。然则何故独以应身明非一耶?报身与法身亲,应则较疏之故。何谓亲耶?他受用,为所现之相用,是表。自受用,为所具之智慧,是里。然相用之现,即现于智慧。而智慧之具,即具于理体。且理智一如,亦无能具所具之分,能现所现之别。故无论自他受用,实与理体冥合为一,故亲。亲故非异也。何谓疏耶?应化身虽亦具于理智,亦无能具所具,能现所现等分别。然专属外现之相,故疏。疏故非一也。试观《金光明经》所说,便可了然。其明报身之义,既曰无始,又曰摄持不共之法。举内持为言者,正明其与法身亲也。其明应化之义,则曰处处随缘方便。举外随为言者,正明其与法身疏也。

总之,明得非常非断之义,则非一非异,其义乃得彻底。即诸法一如,是法平等诸义,亦皆彻底。何以故?三身皆非常非断而非异,故一如也。然非常非断又各有不同而非一,故虽一如而不妨有诸法也。且一中有异,异中有一。故差别是平等中现差别,平等是差别中现平等。亦不隔别,亦不混滥。行布不碍圆融,圆融不碍行布。此之谓圆中、遮照同时,存泯自在矣。岂第两边不著已哉。而扼要之修功,惟在不取相,不灭相,而以性为中枢。迨已证得空寂性体,以熏习力故,便亦不取不灭,随机应缘,大用无尽。岂但相不住,性亦不住,并不住亦不住矣,而大圆镜智之中枢自若也。此之谓以无我人等修一切善法则得无上菩提。此之谓金刚般若波罗蜜,所以传佛心印者也。通达此理以念佛,便得理一心,必生常寂光净土,愿与诸君共勉之。

(壬)三,约不受福德结无我。

此科判中约字之意,盖谓一切皆无我,今不过约不受福德一法以明其义耳。如上来无圣无凡,非一非异之理,亦是法法皆然。但约度生及性相为言者,取其较易领会耳。约字,犹普通所说之就。内典舍就用约者,以就义肤浅,约义精深故也。盖约有约略义,明其姑举一事为例,未及一一详说。又约有约束义,若网有纲,提其纲,则全网就范。明其虽仅言此一事,而纲领已得,其余可以类推。又约有要约义。譬如契约,久要不忘。以显此所明义,极为契合,可以征信而无谬失。若用就字,三义皆无。曾有疑约字生僻,不如就字普通者。兹乘便一说之。凡唐以前古德言句,后学未可轻议也。不约他事,独约不受福德言者,承上文来也。上文具足相,隐含修福德。是明得无上果者,不废修福。此科紧承其义而阐明之曰:修福何可废,但须不受不著耳。并补足之曰:不可闻不废修福而又生贪著也。故得此科,上科之义,更周匝圆满。所谓文不接而意接也。

(壬)此科分二:(癸)初,结无我;次,明不著。(癸)初,又二:(子)初,明无我功胜;次,明由其不受。(子)初,又二:(丑)初,引事;次,较胜。

(丑)初,引事。

"须菩提!若菩萨以满恒河沙等世界七宝布施;

流通本作持用布施。柳书、慧本,无持用字。以七宝布施，已含有持用意在矣。

后半部校显经功，只一二处。然亦意不在校显，不过借作别用。(一)藉以作一段落。(二)藉以显明他义。如此中，既借布施福德，显成不受者之为得无我忍。复借无我功胜，结束前文所言菩萨应通达无我法之义耳。前半部中所以说无数宝施，乃至以无数命施，皆未称为菩萨，而此中独举菩萨为言，其必有深意可知。连下文读之，便可恍然，乃是互相影显之文也。盖此科虽仅言宝施，意则含有此人已知一切法无我，故称菩萨。但犹未成忍，故不及后菩萨耳。于何知之。试观下文云：此菩萨胜前菩萨所得功德。

前半部中，无论宝施、命施，概言福德，未言功德。而此则云前菩萨所得功德。前菩萨七宝布施，以功德称，必其已知离相修慧，非但知著相修福之人可比矣。因言功德，因称菩萨。夫有我者必不能离相，故知其意含此人已知一切法无我也。况前云若菩萨通达无我法者，如来说名真是菩萨。然则若非知法无我，其不称之为菩萨也决矣。总之，此三约不受福德一大科文中，一字一句、一名称，皆含极精之义，不可忽略。恒河沙等世界，谓世界等于河沙，犹言无数世界。以者，用也。满者，充满。谓用充满无数世界之七宝行施也。

此科不过引一布施多福之事,以为下文不受作张本耳。

(丑)次,较胜。

"若复有人,知一切法无我,得成于忍,此菩萨胜前菩萨所得功德。

上文宝施菩萨,既影有知法无我意。此中得忍菩萨,亦影有宝施意。观下文不受福德,所作福德等句,则此菩萨之大作布施福德,显然可见矣。因其大作福德而不受,所以称其得成于忍也。不然,得忍与否从何知之。故此科与上科之文,其为互相影显,决无疑义。此义既明,便知经旨并非不重视福德,惟当不著不受而已。则此中知一切法无我,得成于忍两句,经旨亦实趋重于得忍。曾见数家注释,因未明了影显之义,遂将成忍句,看成带笔。因谓前菩萨但知修福,此菩萨则知法无我,故功德胜前。此修福所以不及修慧也云云,大失经旨矣。何以故?若是此意者,则前来切诫莫作不以修福德得菩提之念,何谓乎?如于法不说断灭相一科所云谬甚谬甚。

一切法不外境、行、果。境者,五蕴、六根、六尘等是;行者，六度、万行等是；果者，住、行、向、地乃至无上菩提等是也。无我者，谓一切染净诸法，不外因果。因果即是缘生，缘生体空。故一切法中本无有我。当知所谓我者，非他。即众生无明不觉，于一切法中，妄生分别执著之见，是也。而一切法性，本来空寂，哪有此物。因其本无，故当除之也。知一切法无我之知，即是解也。谓领会得一切法性，本来空寂也。盖一切法无我五字，是理。知之一字，是智。得成于忍者，谓一切法性本来空寂无我之理，与其知之之智，已能冥合为一矣。忍者，忍可。契合无间之意，犹言合一也。理智合一，明其我执已化也。功行至此，是之谓成。云何而成？由于熏修，故曰得成。得成者，犹言熏修得有成就也。非精修功到，云何能成耶？故此两句，上句是解，下句是行。合而观之，是明此菩萨解行成就也。又复上句知是慧，下句忍是定。合之，便是定慧均等。因其定慧均等，所以解行成就也。所以所得功德，胜过前菩萨也。因前菩萨解、行、定、慧，其功行犹未能达于冥合为一。则是其知之之智，于一切法无我之理，尚未做到安安而不迁地位，故不及也。解行忍字之义，犹言安安不迁也。

自前第三大科中，标示若菩萨通达无我法者，如来说名真是菩萨,以后,至此方始归结。可知上来所说,皆是无我法,而令菩萨通达者。但必须功夫做到得成于忍,方为真实通达,真是菩萨耳。何以故?通者,明通也,即指解言;达者,到达也,即指行言。故通达云者,即谓解行具足。解行具足,故曰真是菩萨也。故不可将通达二字,但作明理会也。须知解固居行之先。然非如法实行,确有经验,何能深解?前云行由解出,解因行成二语,即通达之真诠。如是通达,乃得成忍耳。

(子)次,明由其不受。

"须菩提!以诸菩萨不受福德故。"

流通本,须菩提上有何以故句。柳书、慧本,无之。此中本有一故字,已显释明上文之意。何需加何以故耶。曾见数家注解,谓此科是释上文功德胜前之故。大谬。上文已自说明,功德胜前,因其成忍矣。何须更释。当知此科是以不受之义,释明成忍之故者耳。夫成忍者,所谓证也。此科释之云:何以谓之证耶?不受是也。盖成忍之言,正是开示学人,功夫必须做到如此,方能无我。故须释明成忍之所以然。若功德胜前,原是带笔,何必特加解释。况前文已经说明耶?

云何不受?下科方明其义。今亦无妨说其要旨。所谓不受者,无他,广行布施六度,若无其事之谓。此非真能忘我者莫办。是其功行,已到炉火纯青之候,故曰得成也。诸菩萨,非实有所指,犹言一切菩萨。以者,因也。意谓,凡是菩萨,因其修福不受,方于无我成忍。此菩萨亦复如是不受,故曰成忍耳。上文言所得功德,此中言不受福德。正明其因不受故,所作福德,尽成无漏之功德也。

上引事文中,不曰以满无数世界之七宝布施,而必以等于河沙为言者,亦寓精义。盖明自不受者视之,如彼无数宝施,等于泥沙耳。其细已甚,何足道哉。此其所以能不受也。若视为甚多甚盛,便已心为境转矣。心有其境,名之曰受。今曰不受,正明其心空无境也。思之思之,此亦欲不受不著者之妙观也。

(癸)次,明不著。分二:(子)初,请明其义;次,释明不著。

(子)初,请明其义。

须菩提白佛言:"世尊!云何菩萨不受福德?

长老请问,盖有三意:(一)既已修之矣,而又不受。则初何必修。恐不得意者,生出误会。此请问之意一也。(二)不受者,谓拒而不纳乎。福德之至也,因果一定之理,岂能拒而不纳。然则何谓不受耶?此请问之意二也。(三)上言得忍,由于不受。然何以能不受耶?长老请问,意在俾大众彻底明了,皆能达于不受之地。此请问之意三也。故特标以须菩提白佛言句,使知此问之要。应于下科开示,加意体会也。

(子)次,释明不著。

"须菩提!菩萨所作福德,不应贪著,是故说不受福德。

初句言作福德,使知虽不受而应作。不可因不受之言,误会修福可缓。当知作福德,即是修六度,是从大悲心出。诸佛如来,以大悲心为体。因于众生,而起大悲。因于大悲,生菩提心。云何可缓乎!第一重问意可以释然矣。次,三句,言不应贪著,故说不受。使知所谓不受者,非拒而不纳,乃不贪著耳。不贪著者,福德之有无,绝不在念之谓。盖明若为求福德以修六度,是名贪著,则是利益自己,非为利益众生;非大悲心,非无上菩提矣。故不应也。知此,第二重问意可释然矣。作福德,不著空也,大悲也。不贪著,不著有也,大智也。悲智具足,空有不著,是名中道。且著者,住也。不应贪著,即是应无所住。合之上句,即是应无所住行于布施,正是回映经初所说。且修福不著,亦即最先所说度尽众生而无所度之意。皆所以降伏我执者。此经宗旨,在无住降我。故说至成证时,归结到无住降我上。精神义趣,一线到底,一丝不紊也。

然则上文何不径曰以诸菩萨不贪著福德故,岂不直截了当。何故先说不受,再以不著释之。当知上科说不受,是开示云何而为成忍。盖成忍即不受之谓也。《大智度论》云:"一切不受,是名正受。"正受者,三昧是也。亦谓之定。亦谓之忍。然则不受之言,乃成忍之注脚要语,岂能不特特标出。至于此说不著,则是开示云何而能不受。换言之,上科先告以成证之境界,乃是一切不受。此科复告以成证之方法,不外经初所言应无所住行于布施也。云何证、云何修,指示得极亲切,极扼要。故不受、不著,两说皆不可少。

且当知行人一切皆不应著。迨至不著功醇,便成不受。故不受亦是一切不受,兹不过约福德以明义耳。盖所以受者,由于著。所以著者,由于贪。所以贪者,由有我。而我之所贪,莫过于福。故约福德言之耳。知此,第三重问意可释然矣。

总之,平等法界,本来一切法无我。学人先当开此正知。如是知已,便如是行。云何行耶?最初所说应无所住行于布施,此中所说所作福德不应贪著,是也。换言之,便是广修一切法而行若无事。久久功醇,则心若虚空。虽一切法炽然行之,不厌不倦。而相忘于无何有,是之谓不受。不受者,形容其一心清净,不染纤尘也。且自然如是,而非强制。恒常如是,而非偶然。则悲智具足矣,定慧均等矣,分别执著之我相我见,化除殆尽矣。至此地位,无以名之,名曰得成于忍。然此犹菩萨境界,而非佛也。故继此而明诸法空相,本来不生。若至于一念不生,不生亦无。则随顺而入如来平等法界矣。闻斯要旨,当静心思惟之。

(辛)次,明诸法空相,结成法不生。

向后经文,正是点滴归源之处。故其所含之义,甚广、甚深、甚细,若但解释本文,为文所拘,必说不彻底。又如何听得彻底,惟有先将所含要旨,发挥透彻。则说至本文时,便可数言而了。此亦讲演高深道理之一种方法也。

上来所说,千言万语,一言以蔽之,曰无住而已。云何无住?所谓不住于相是也。何故不住相?所谓若心取相,则为著我人众生寿者是也。当知欲不住相,必须其心不取。不取,正为破我。而破我,正为证一如平等之一真法界。此一法界,即是常住不动之法身,称为如来者是也。

总之,全经所说之义,不外不取于相,如如不动八个字。不过直至最后,始将此八个字点明耳。以是之故,此诸法空相一大科经义,乃是融会全经旨趣而究竟彻底以说之者。所谓点滴归源是也。故其所说,更圆更妙。

即如全经皆说无我,至此则说无我原无。夫无我尚无,则是无住亦无住矣,不取亦不取矣。何以故?一切法本不生故。且亦无所谓不生,何以故?法即非法,相即非相故。夫而后究竟无我矣,无我亦无矣。

由是可知上来所说无圣无凡,非一非异等义,乃是即圣凡而无圣凡,正一异而非一异,忘其为不受而名不受。故虽无圣凡,而无妨成圣成凡。虽成圣成凡,而依然无圣无凡。

一异等等,莫不如是。

则亦无所谓两边,无所谓著,无所谓中。何以故?一且不存,哪有两,更哪有边,哪有中耶!非毕竟无也。虽纷纷万有,而有即是无也。何以故?本不生故,是之谓如如,是之谓不动,是之谓不取。

盖生心不取,即是取矣!生心不动,其心早动矣!生心如如,尚何如如之有耶!生心除我,则我见我相俨然也。若不知向此中荐取,纵令辛苦勤修,终是打之绕、添葛藤也。

总之,此一大科所说,正是极力发挥不取于相、如如不动至究竟处;即是引导学人,观照深般若处;亦即令一切众生,得大自在处。经文既眼光四射,面面玲珑。闻者亦当眼光四射,面面玲珑。未可死在句下,随文字转。当凝其神,空其心。字字句句,向未动念处体会。若沾滞一毫攀缘相,名字相,便无入处。

顷所言当向此中荐取,不辞葛藤,为重言以申明之。标题曰空相者,含有本无相、不取相两义。盖此一大科,正是说理体,亦正是说修功。行人应先明了理体本来无相,所以应不取相。且体既无相,故修不取者,便时时处处,皆应观照诸法本来无相之理体。是之谓全性起修,全修在性。

然则欲学般若无住之行,何必局定从头修起哉,便可径从诸法空相起修也。故曰当向此中荐取也。

当知大乘圆教,亦有渐次,亦无渐次。故禅宗曰:直指向上。向上者,趋向本源之谓;直指者,剪去枝叶,一眼觑定本源处,单刀直入是也。若将此语看呆,以为惟看话头法门,可以如是观照而直入。念佛及修其他法门者,便不能作此观照本源功夫,自失善利,孰过于此。

凡了义经,无一句不彻底,无一法不是彻首彻尾。所以说理处,即是说修处,且一直贯到证果处。所谓教、理、行、果,虽分为四。然若执定是四件事,岂非行果外别有教理,尚何教理之足云!以是之故,了义经中,语语能证道,句句可入门也。

以《弥陀经》言之,如执持名号,一心不乱两语,固然说有前后,执持句是下手处,一心句是执持之功效。然若不能体会一心以起修,终亦不能做到执持也。然则一心不乱,岂可仅作功效观之乎。

以此经言,句句说理、说修,即无一句不可以贯通全经,岂独此一科为然。故随拈一句,皆可从此悟道。昔禅宗六祖,因闻应无所住而生其心句而得彻悟。后人乃执定全经中惟此一句最妙,此正所谓随人脚后跟转也。

若真是伶俐汉,知得大乘佛说是法印者,便可随拈一句,以印之于事事法法。换言之,便是事事法法,都向这法印上理会之,如此方是会用功人。则行住坐卧,不离这个,易得真实受用也。何况此一大科,语语说的是心源。佛之所证,证此也。若以为此是如来境界,非初学所及。难道学人不应返照心源乎?其为大错,更何待言。

夫返照心源,固非易事。然不向源头上观照,而寻枝觅叶,如何修得好!源头上能观入些些,一切修功,皆可迎刃而解矣。此如学为文字者然,少得经、子,及秦汉人气习,下手便出人头地。修行亦复如是,当如是知也。古德云:不可高推圣境,自生卑屈,真吃紧语也。

(辛)此科分二:(壬)初,泯相入体;次,结成不生。(壬)初,又三:(癸)初,约圣号明离去来;次,约尘界明离一多;三,约我见明离亦离。(癸)初,又二:(子)初,斥凡情;次,释正义。

(子)初,斥凡情。

"须菩提！若有人言,如来若来若去若坐若卧,是人不解我所说义。

诸法空相句,是大乘法印。不来不去等句,莫非法印。法印者,一切法皆可以此义印定之之谓。今不过约如来圣号明之,以示例耳。须知来去等,皆是对待之事相。欲证绝对体者,必当泯诸对待,空其虚相。何以故？一切法性,本来非相故。此约性体以明诸法本来空相也。若约修功言诸法空相者,谓空其诸法之相也,即泯相入体之意。

如来本性德之称。乃此人执著来字,则有来必有去矣。既有来去,复联想到坐卧。此明倘著一相,必致愈引愈多,万相纷纭,永永不得清净。以示读经闻法,不可著文字相也。此人完全门外,闻称如来,心中遂俨若有一来去,以及行住坐卧等,相相不一。

四若字,形容其心逐相而转,起灭不停,恍若有睹,神情如画。作此言者,是以凡情测圣境,全未了解如来之义。故曰是人不解我所说义。我字指如来,谓不解如来二字所明之义也,亦可指佛。佛所说法,无往而非令人离相证性。乃至语言文字,皆不可执。此人全不知性,著于名言。是于佛说之义,毫无领会。故曰不解我所说义。呵斥此人不解,正欲一切人深解空相之义趣也。

(子)次,释正义。

"何以故?如来者,无所从来,亦无所去,故名如来。

如来即是法身。法身常住不动,无所谓来去也。法身遍一切处,亦无需乎来去也。其见有来去者,乃应化身耳。此身是缘生法,谓随众生机感之缘而生起者也。换言之,即谓此示现之身,皆自众生眼中视之云然耳,如来固未尝动也,此之谓缘生。何以明其然耶?试思佛既示现矣。众生何故有见,有不见?何故有时见,有时不见?盖得见与否,皆视众生之心如何。心净则佛现矣,遂名之曰来。心浊则佛隐矣,因名之曰去。心净心浊,全由众生。故应化身之隐现,亦全由众生。故曰随缘生起也。然而有缘亦必有因,其因为何?前所谓慈善根力及成就二智是。所以随感即现,并不起心作念;所以虽随方示现,而若无其事,法身之不动自若,初不住于来去之相也。然虽法身不动,而恒常示现应化身,从不断绝,亦不住于不动之体也。是之谓如如不动。

明其虽如如,而是不动的;虽不动,而是如如的。故虽见有来去,实则不来不去;虽不来不去,无妨见有来去。此中曰:无所从来,亦无所去。非谓毕竟无来去也。是说来亦无处,去亦无处。两所字最要。无所者,无处也。形容法身本遍一切处,岂更有来处去处乎?既是来去而无来去之处。可见虽来去,而实未尝来去。乃未尝来去,而现有来去耳。此意即是住而无住,无住而住。乃离相之极致。何以故?来去与不来去之相俱离,故曰极致也。

总之,来去是从不来不去上见,不来不去是从来去上见。不但离尽有相之相,并离尽无相之相矣。盖真如,实相,本来如是。真如者,无可遣,名真,亦无可立,名如也。实相者,虽无相,而亦无不相也。所以结之曰:故名如来。名者,假名。不但来是假名。如亦是假名也。何以故?真如而曰来,即谓其不住涅槃。盖真如之体本不动,而今曰来。然则所谓如者,名而已矣。实不住住于不动之真如也。既来矣,而曰如。即谓其不住生死。盖来去之相为生灭,而今曰如。然则所谓来者,亦名而已矣。实不住于生灭之来去也。总以明其无我之极，随感斯应，缘会则现，毫无容心而已。毫无容心者，一念不生之谓也。念且未生，心何尝动哉。

此科虽是约法身以明义，实则二身之义，亦已兼明。善通达者，便当返观自己五蕴色身，虽有来去。而本具之佛性，实不来不去。便从来去皆不上契入。

彼来去之相，何足置念哉。迨至契入性体，则任其来去现相，可也。更何必置念哉。则不执不断，遮照同时矣。

念佛人尤当通达此理。须知弥陀来接，而初未尝来也。往生西方，而亦未尝去也。然虽未尝来去，亦何妨现来现去。何以故？不来不去者，理体也。有来有去者，事相也。理事从来不二，性相必须圆融。故尽管不来不去，不碍有来有去；尽管有来有去，其实不来不去。最要紧者，即是来去要在不来不去上体认；不来不去即在来去上做出。此是念佛求生之要诀。得此要诀，决定往生，且决定见佛。孰谓修净土无须学般若，且疑般若妨碍净土乎？

更有要义，须彻底了解者。夫相，依性而现者也；性，由相而彰者也。性相二者，一表一里，从不相离者也。然则佛经令人离相何耶？当知所谓离者，非谓断灭，但不应取耳。

夫性相二者，既是一表一里而不能离。然则独不应取相，何耶？当知此因凡夫自无始来，只知认相，逐相而转。于是我人、彼此、高下、厚薄、精粗、美恶种种对待之相，迭起繁兴，牵枝带叶，相引愈多。遂致分别执著，因之而日甚；我见因之而日深；贪嗔［痴——编者加］三毒等烦恼，因之而继长增高，乃至造业无穷，受苦无边。

今欲救之，须断三毒。欲断三毒，须除我见。欲除我见，须不分别执著。而欲不分别执著，则须离相。故离相云者，意在除其分别执著之我见耳。非谓毕竟离也。故曰不取非法相。又曰不说断灭相。即是显示离相之真实义，使不致于误会也。

总之，离相者，为令回光返照以证性也。性既证得，正须现相。然欲证果后，不沉空滞寂。又须修因时，观空而不偏空。此所以既令不取，复令不灭，两边不著耳。

且佛理、佛说，无不圆妙。虽只说不取相，其实已通于性。何以言之。一有所取，便成为相而非性矣。故二乘偏于性边，佛则呵斥之曰：沉空滞寂，未能见性。盖曰沉、曰滞，即形容其取著之相也。沉滞之相现，不沉滞之性隐矣。故曰未见性也。所以不取相一语，贯彻二边，当如是领会也。

至如此中，不曰有来去，亦不曰无来去。但曰无所从来，亦无所去。双照二边,尤为圆融。何以故？若定说有来去,则偏于相边矣。若定说无来去,又偏于非相边矣。今如是双照二边而说,正显性相双融之义也。性相双融,便是平等一如也。又如如来一名,虽以称法身,其实已含有二身。不然,来字无所属矣。所以即此名称,已足显明虽有三数,而非三体之义。前约如字明义,则通于诸法边,而曰诸法如义。今约来字明义,则通于不来不去边,而曰无所从来,亦无所去。此皆世尊苦口婆心,教导学人于佛说之一切法,皆当如是了解。便能通达乎性相一如,法界平等也。

何以故？若了解得虽不来不去,而现有来去。可知法身常现报化等身,而不断绝。所以修因时,不应断灭相也。若了解得虽现有来去,而实未尝来去。可知报化等身,不能离法身而别有。所以修因时,不应执著相也。了解乎此,则前来不应取法,不应取非法,以及即非是名等义,皆可彻底了然矣。

而若见诸相非相,则见如来之义,亦由是而通达矣。盖如而来,即不灭相之谓也。来而如,即不著相之谓也；而若见诸相非相者,意谓即诸相而见其非相,便是不著不灭,便与如来之义相应,故能见如来也。

且如而来，乃是不著时便不灭；来而如，乃是不灭时仍不著。所以不住涅槃，不住生死，是同时的，是一无所住的。故行人应生无所住心，若心有住则为非住也。若能如是了解而通达之。则性也、相也，一切分别、一切执著，自然化除，自然无念，自然无有挂碍颠倒。故曰：行深般若波罗蜜多时，能度一切苦。一切行人，若领会得此科之义。应观一切对待之相，既不能离绝待之性而别有。而绝待之性，亦未尝离对待之相而独存。便当于日常一切对待之事相上，虽无妨随缘而行，却不可随缘而转。此意即是缘应了者，得机便了，不与纠缠。缘应结者，亦无妨结，但不攀缘。果能如是二六时中，勤勤观照，密密勘验。心把得定，脚立得牢。自不为相所缚，而泯相入体矣。此是学人第一著功夫。便是随顺真如。便是直指向上。

所谓泯相者，泯是融义，非谓断灭，即不著不断是也。所谓入体者，谓契入性体。相融便是契体，非别有体也。何以故？性体本来无相无不相故。是之谓诸法空相。空乃第一义空，即是空而不空，不空而空。所谓但空其相，而不坏诸法。果能如是，则任他万相纷乘[呈]，自不为其所动。以上所说，皆是从此诸法空相起修之方便。有深有浅，其法不一，而仍可一贯。且所谓浅者,亦无浅非深,不可闻其浅而忽之也。听有缘人随己意取行之,大有受用,决不相赚。

(癸)次,约尘界明离一多。分二:(子)初,明微尘非多;次,明世界非一。(子)初,又三:(丑)初,问微尘多否;次,明多即非多;三,释其所以。

(丑)初,问微尘多否。

"须菩提！若善男子、善女人,以三千大千世界碎为微尘。于意云何？是微尘众,宁为多不。"

微尘世界,前虽已说。然此科文中,重在碎合二字。因其可碎可合,足证微尘世界之相,皆是缘生,当体即空。而法性中,本无此等等相读去声别也。故虽不断灭,而不可执著耳。盖前来虽屡说即非是名,皆只说了是相非性之当然。今约尘界明其可碎可合,则是彻底说其所以然。此义既明,一切即非是名处,可以类推矣。

以三千大千世界碎为微尘,即此一语,便是点醒愚痴凡夫,勿执世界为实有也。何以故？以偌大世界而可碎,足证世界是虚幻相,岂实有乎？若其实有,岂能碎乎？所谓碎者,是明世界乃无数微尘集合之相。除微尘外,别无世界。发菩提心者,应作如是观。观照世界莫非微尘,不可执为实有。非真捶而碎之也。上曰善男子、善女人,即指发菩提心之人言也。

于意云何?探验见地之辞也。若知微尘之众多,是由世界碎成,则世界之为假有也明矣。然若执有众多,是又误认微尘为实有也。当知世界微尘,大小虽殊,无实则一。佛说碎界为尘,原欲破人执实世界之见。若尘之非实不明,则界之非实,终不能彻底尽明。盖世尊本意,是欲人彻底了解世间所有,大至世界,小至微尘,莫非虚妄。当体即空,不可执著,不必贪恋。故须探验见地如何也。此中碎字,与下文合字,此中众多字,与下文一字,遥遥相对。正是文中之眼,正欲人于此中领会真实义也。

(丑)次,明多即非多。

"甚多,世尊!何以故?若是微尘众实有者,佛则不说是微尘众。

流通本,"甚多"上有须菩提言句,古本无之。答甚多者,约微尘之虚相言。且表示其已能了解世界之非实有也。一世界,不过多微尘耳,岂实有世界耶！更表示其复能了解微尘亦非实有。"何以故"下,释明此意。意谓世尊先说世界碎为微尘。乃探验见地时,则云微尘众,特特加一众字。众者,集合之义也。然则微尘亦为集合之幻相也,明矣。则与世界之为集合而成之幻相何异。可知其亦非实有矣。故曰:若是微尘众实有者,佛则不说是微尘众也。由此可见甚多之答,正所以显其为集合之幻相耳。故曰:答甚多者,约虚相言也。

须知界碎为尘,其数之多,谁不能知,何必问哉？足见问意着重在众字。而此意恰为长老窥破,是之谓心心相印。所以为般若会上当机人,所以能代教菩萨。

古德勘验学人,往往故设疑阵,亦是此意。微尘何以为集合之相耶？所谓一微尘可析之为七极微尘,一极微尘可析之为七邻虚尘。虚者,空也。邻虚,犹今语之等于零也。所以微尘是集合之幻相,并非实有。长老何不径举此义说之。而必在众字上显其非实者,何故？此有深意二:

(一)因佛既如是说,故依之以明义。依佛语以明义者,所以教导读经闻法者,凡佛所说,字字皆具精义。应当谛听,不可忽略一字也。

（二）佛时外道，每将世间事物，层层分析，分析至于不可分，而犹为实有。正如今之化学家然。分析世界各物，为若干种原质。初不可分者，久久又复可分。分析之功，久而益精，至如所谓原子电子，然依然执为实有也。二乘则不然。知微尘可析为邻虚，便知一切皆空。然而必待分析，方信为空。不及大乘之能作体空观也。今长老欲明微尘非实，不引邻虚之说，而约佛说之众字显义者，既以明凡由集合而成者，便知是空，不可执实。佛道所以迥异乎外道。且观理便知，何待分析，大乘所以迥异乎二乘也。所以者何下，正明此义。

（丑）三，释其所以。

"所以者何？佛说微尘众，则非微尘众，是名微尘众。

此科之意若曰：佛既说为微尘众，可知微尘是缘生法。缘生之法，当体即空，但是虚相而已。此微尘并非实有之所以然也。则非者，约一如之法性，明其本来是空也；是名者，约缘生之法相，明其不无假名也。言佛说者，正所以显示觉智洞照，法性本空，法相皆幻，初何待乎分析哉！总之，碎者聚之,之谓合;合者散之,之谓碎。本是对待形成之幻相。所以当其有时,便是空时。小而微尘,可合可碎,有即是空也。如此,则大而世界可知矣。故下复约大者言之。盖佛先说界可碎为尘,复举尘而问其众,正欲人之即小悟大。因微尘之本空,便可类推而知世界皆空耳。

(子)次,明世界非一。分三:(丑)初,明非界名界;次,释一即非一;三,示本离言说。

(丑)初,明非界名界。

"世尊!如来所说三千大千世界,则非世界,是名世界。

此科承上问意来也。上问既言界非界而为尘,长老复释明尘非尘而为空,则界即是空可知矣。故曰则非世界,是名世界。其故详见下科。

此中不曰佛说而曰如来说者,有深意焉。盖三千大千世界,名为应身教化之境者,因此境为一切众生所依。法身如来,为利益一切众生,乃随顺众生之缘,显现应身以教化之耳。初不住著于此境也。何以故?如来法身遍于法界,法界等于虚空,安有所谓三千大千世界乎哉。故举如来,说世界非实是名也。如是而说者,正所以开示众生,应观世界非实是名而不著。世界不著,则一切不著矣。如是不著,乃能令本具之法身出障也。此不曰佛说,而曰如来说之深意也。

(丑)次,释一即非一。

"何以故?若世界实有,则是一合相。如来说一合相,则非一合相,是名一合相。"

流通本作若世界实有者,柳书无者字,慧本则作若世界有实。有实,实有,意原无别。今从柳书,以校正本一一皆依柳书故也。一合者,合而为一之谓。犹今语之整个也。盖执著相者,虽闻界可碎尘。或犹以为虽非实有。然当其未碎时,其合而为一之相,固明明有也。何以故?世界原是总名。既立总名,便是一合之相故。长老为遮此执,所以彻底破之。意谓顷言则非世界,是名世界者,何故耶?以凡属名相,莫非虚妄,故曰则非。则非者,谓世界但假名,非实有也。不但因其可碎,知非实有。即其未碎,亦非实有。何也?千倍四洲,名小千世界;千倍小千,名中千世界;千倍中千,名大千世界。

可见世界之名相，原无一定范围。不但合者可碎，并且合更可合，安可执有一定之一合相乎。故曰则非一合相，是名一合相。言其不过假名，本来无实也。意明必须实有，方是一合相。今一合相，既无一定。是约世界之名相观之，便可证其非实有。何必待界碎为尘，尘碎为空哉。则世界之为当体即空，彰彰明甚。

（丑）三，示本离言说。

"须菩提！一合相者，则是不可说。但凡夫之人，贪著其事。

读上来非多一科，可知合之名，因其可碎而后有。且知碎者仍可碎也，则诸法性空之义明矣。读非一一科，可知碎之名，原因其合而后有。且知合者仍可合也。则诸法缘生之义明矣。且合而观之，虽是性空，而不碍缘起。因是缘起，故知其性空。然则所谓一合相者，乃是一不定一，合不定合。故曰：一合相者则是不可说。不可说者，因世界可碎，微尘亦可碎。可见微尘不异世界。若说世界真是一合，岂非微尘亦真是一合。然而世界非世界，乃微尘也。而且微尘非微尘，乃本空也。由是可知世界之一合相，亦复本空。岂非一即非一，合即非合耶。此约相以明不能定说非一合，定说真一合，故不可说也。

夫修行本为证性。如上所明一即非一，合即非合，约对待之事相云然耳。约清净性言，则都无此事。何以故？性是绝待，非对待。本离名字相，言说相故。此约性以明性非事相，本离言说，故不可说也。

凡，谓凡情。迷于事相，谓之凡情。故曰：凡夫之人贪著其事。其事，泛指一切事相，一合相亦摄在内。言其者，明其向外驰求，背觉合尘也。而言凡情者，明其非正知也。因其向外驰求，故于事相，起贪恋而生执著。然则欲不贪著，须净凡情。欲净凡情，须开正知也明矣。

当云何知？当知一合相，便是不可说。谓当离名字言说，返照一切法本不生也。故此科开示入道之方，极其亲切，不可但作空谈事理会也。

且其义贯通上下，上科之无所从来亦无所去故名如来，下科之我见即非我见是名我见，皆当于不可说处领会，不可贪著其事也。如此，方为能解如来所说义，方于一切法本不生之心源，得以随顺契入。故此科正与下结成不生一科，紧相呼应也。

上说非多非一两科，不但破世界，兼破微尘。此中说凡夫贪著，但约一合相为言。是但说世界，而不说微尘矣。何耶？此有二义：

（一）上说微尘非实有，是约众字显义。此即显示不但世界为一合之假相，微尘亦为一合之假相也。故此中不可说之一合相，乃兼约世界、微尘，而言。非不说微尘也，非但说世界也。故佛不提世界微尘，但举一合相说之者，意在于此。当如是知也。

（二）但举一合相说者，意在破斥世间所有，大而世界，小而微尘，莫非假合。因凡夫之贪著，无非误认假合之相为真耳。尘界如此，色身亦然。凡夫所以贪著臭皮囊执之为我者，无他，由于不知是五蕴假合耳。若知除五蕴外无此色身，便不致于贪著矣。此佛但举一合相说之之微旨也。盖破依报即兼以破正报也，当如是知也。

此约尘界明离一多一大科中，含义甚广。今分数节略言之。

（一）尘界既非一非多，可见尘界亦非总非别。盖乍视之，世界为总相，微尘为别相。以界是总相故，遂误认为真是一合。以尘是别相故,遂不知其亦是假合。其实界可分碎,则总即非总矣。尘亦假合,则别即非别矣。

(二)说非一非多,即是说不增不减也。盖约体积言,则界相若增,尘相若减。而约数目言,又界相若减,尘相若增。可见增减并无定相,则亦是假名,亦是虚幻。直是增减皆不可说。故曰不增不减。不增不减一语,即谓增减不可说也。他如不生不灭等句,皆同此意。总之,明得界非界尘非尘之义,便恍然于世间所有大小、高低、来去、一多、总别、增减、贤愚、净秽等等对待之名相,莫非虚幻,当体是空。若明得诸法本空,便会归于性,而诸法一如矣,而是法平等矣。此为诸法空相之要义。解得此义,便可事事作如是观。观照功醇,便可证无生忍,而泯相入体矣。不可不知。

(三)上明离去来一科,是约三身,以明性空缘起之义也。盖来去,缘起也。不来不去,性空也,是约正报明也。佛之正报明,则一切众生之正报,皆当作如是观也。此明离一多一科,是约尘界,以明性空缘起之义也。盖尘界非尘界,性空也;是名尘界,缘起也。是约依报明也。大千世界,为一佛教化之境,亦即一切众生色身依托之境。色身所依之境,是名非实。则由此身此境生起之一切事相,皆当作如是观也。

何以言之，正报、依报，为众生所不能须臾离者，尚且虚幻无实。则一切盛衰、苦乐、称讥、毁誉，种种对待之事相，其更为虚幻非实可知，何足贪著哉。此经文约三身、世界，以明诸法空相之微旨也。何以故？约此二以明义，一切事相，赅摄无遗故。

（四）约身相、界相言，则身为能依，界为所依。而约圣之法身，凡之佛性言，则性为能起，身、界为所起。须知此清净性，本无来去、一多、总别、增减，但随缘现起来去等相耳。因相是随缘现起，故是虚幻。而性乃本具真实之体。故尽管随缘现起种种对待之事相，而绝待空寂之本性中，仍未尝有彼种种相也。其他一异、圣凡、生灭、垢净、人我、彼此等相，莫不如是。

果能如是一眼觑定本不生之心源上，观照入去，便是所谓直指向上，则胸襟当下开豁，烦恼当下消除，颠倒梦想当下远离。如此用功，方是直下承当，可称善用功人。较之枝枝节节而为之者，其功效之悬殊，所谓日劫相倍，岂止一日千里而已。

故《圆觉经》曰："知幻即离，不作方便。离幻即觉，亦无渐次。一切菩萨，及末世众生，依此修行，如是乃能永离诸幻。"此段经文所说，正可移作本经注脚。正是直指向上之修功。

云何修？知幻即离，离幻即觉，是也。知者，解也，亦即觉照也。幻者，如上来所说身、界等等是名非实是也。云何即离？一眼觑定心源，观照入去，则诸幻皆离矣。盖知幻便是离也。如是觉照，便合于觉。故离幻便是觉也。此为一超直入圆顿要门，有何渐次。一切法门，无方便于此者矣。何必更作方便！观如是乃能永离诸幻句，可知必如是修，乃为彻底，乃能究竟。闻者当生希有难遭之想也。

（五）此外又有一义，为无著菩萨说，亦宜知之。其义云何？则以尘界非一多一科为喻说，以喻上科之义也。世界之一，喻报身是一。微尘之多，喻应化身多。尘界非一非多，喻二身非一非异。但法喻有不齐者，世界非离微尘而别有也，而报身并非离应化身无别有。当知凡是喻说，只能喻其大体，不能一一恰合。如经中常以日光喻智光。此不过因世间之光，惟日光最大、最遍、最有利益。故取以为譬耳。其实日光依形质生且热，何能与并无所依，而且清凉之智光相比乎！故未可因无著之说，法喻不齐，而少之也。尘界现有一多，喻二身现有去来。而约性言之，本无一多之相，故亦无来去之相。又约性相合而言之，虽本无一多，不妨现有一多。虽现有一多，其实仍无一多。以喻虽本无去来，不妨现有去来。

虽现有去来,其实未尝去来。但凡夫贪著一合之事相,喻凡夫贪著去来之事相也。无著论曰:"为破名色身,故说界尘等。"名色身,谓二身也。意谓佛恐闻上义不了,故更说界尘之喻以破之。今为疏通演畅其义而说之者,以便读其论者,可以融会耳。由此可见佛说一句法,包含无量义。故可作种种释。故谓之圆音。所以见浅见深,各随其人。古今来多有学圆顿大教,而竟说成别教,甚且有走入人天教者,其故在此。所以说醍醐可变毒药,又说圆人说法,无法不圆。邪人遇正法,正法亦成邪。所以大乘经中教导学人,以亲近善知识为要图,以开正知见为根本也。

(癸)三,约我见明离亦离。分二:(子)初,问答明义;次,释成其故。

(子)初,问答明义。

"须菩提！若人言:佛说我见人见众生见寿者见。须菩提！于意云何？是人解我所说义不？""世尊！是人不解如来所说义。

世尊上,流通本多"不也"二字,不应有也。故唐人写经中无之。试看下文不解句,说得何等坚决。其上岂能加不也活句。若非活句而是呆句者,既与前来义不一律。且不解一句,义已显足。何须更用不也呆句,以明其义耶?当知本经无一赘句赘字也。即此便知妄加不也者,全不明经旨矣。

此科经义极深。何以故?全经所说,皆是破我。何以人言佛说我见,反为不解义耶?或曰:此人盖疑佛说此言,必是心有此见,故曰不解。此说大谬。无论何人,断不致怀疑佛有我见。纵令果有如是妄人,怀此妄疑。则若人言之下,当有佛作是念句。而今无之,足证其说之谬。

然则云何不解耶?当知开经以来,屡言我人四相不可有,有之便非菩萨。又赞叹无此四相者得无量福德,更令菩萨通达无我法。且曰:知一切法无我得成于忍,功德殊胜。然恐凡夫因佛如是反覆申说,遂执谓我见等,真实是有。此见横梗于心,正是我见。岂非反加其缚耶。即不如是,而能渐渐除我。亦非佛说此甚深般若之义也。何以言之。此经于一切法,屡说即非是名,以明相有性空之义者,意在令人观照本空,顿得解脱也。在利根者,自能闻一知十。悟知我见等,亦复相有性空。则单刀直入,直下可以断其根株。乃今曰佛说我见等。其偏执于有相边,未能通达我人等等之见,亦为本空,可知。故曰不解如来所说义也。

佛,约相言。如来,约性言。上曰佛说我见,继曰不解如来所说义。正显此人,于我见等,但知相有之义,未解性空之义也。如是,则我人等见,永不能除矣。古德有请师解缚者。师曰:谁缚汝。此科经文,正明斯义。当知性体空寂,本无有缚。今横一我人等见于心,且曰佛亦如是说,岂非作茧自缚乎。故我世尊,特与长老兴无缘慈,起同体悲。说此一大科经文。为令一切众生,直下洞彻本来无我无见之心源。得以究竟解粘去缚耳。然则此科经义关系之要,可知矣。其义云何?且听下文。

(子)次,释成其故。

"何以故?世尊说我见人见众生见寿者见,即非我见人见众生见寿者见,是名我见人见众生见寿者见。

经中凡言是名,皆是约相说,即是约缘起义说。凡言即非,皆是约性说,亦即约性空义说也。须知佛说我见人见众生见寿者见者,意在令人会我人等见,皆为缘起之幻相耳。若能知幻即离,我见在甚么处。且意在令人领会我人等见,本非空寂之觉性耳。然则离幻即觉,离我见又在甚么处。此佛说我见之真实义也。今曰佛说我见而不知其他,言下大有耿耿在心之状,即此便是执实。本欲令其破执,今反添一执,我见云何能离乎？即令能离,而存一能离所离之念,即此仍是我见。根株又何能尽拔乎？故曰不解如来所说义也。

言此人不解者,正令学人应向本来清净无我无见之心源上,深深领解耳。此中不曰佛说,如来说,特特曰世尊说者,尤有精义。曰佛,则偏于相边,曰如来,则缺于修边。此中之义,正令人觉照本空之性以起修耳。而世尊则为十号之总称,佛、如来之义,皆摄在内。故特举之以显义。意谓此中之义,是十号具足者传心秘要。世尊所以为世共尊者,正在于此。必依此义而修。庶几得以因圆果满而成佛,修圆性显而证如来也乎！何以故？我见是无明本,为成凡之由。破我见是智慧光,乃成圣之路。而此中所明之义,则是破除我见之金刚慧剑,可以断绝根株。非依此法,我见不易除。除亦不能尽也。总之,此中所说,正是的示修功。若但作玄理会,孤负佛恩,莫甚于此。

上次言即非我见是名我见,不可仅作观空之道理会,乃的示破除我见的顶上修功。而言及修功,复有极要之义,不可不先明者。向来似无人剖晰及此，兹当逐层详辨，一一分清。则不但本科本经中之修功，得其要领。凡一切经中所说之性，修及修功之类别，皆不致于不得头绪。而执性废修，因事妨理，种种弊病，亦庶乎其可免矣。

佛说一切法，不外两义：明性、明修是也。且一句法中，说性必兼有修，说修即摄有性。若不知如是领会。其于佛法，终在门外。

夫性者，理性也；修者，修功也。理性当于差别中见平等，修功当于平等中见差别。何谓当于差别见平等耶？谓当知佛之开示，往往约一事以明理。而其理实贯通于一切事。若闻法者不知如是贯通，是只见差别而不见平等，岂能观其理而会于性乎。性平等故，理必平等。即如本经说即非是名处甚多。闻者便当领会其中道理，原无二致。盖凡言即非，皆是约理体之性，以明本空。凡言是名，皆是约缘生之相，以明幻有。凡即非是名并说，皆所以明性相不一不异也。如是而说，意在使知欲证法性者，其对于法相也，应明其非一而不执著，复应明其非异而不断灭耳。故此理非差别的，乃平等的。换言之，非一法然，乃法法皆然。即是无论何法，皆应明了此理，两边不著，销归平等之性体，是也。若约即非是名之义，以论修功，则大有差别。不能因理性是平等的，遂尔笼统颟顸，视同一律也。若其如此，势必将佛所说之义，但作空理会，以为此不过令人一切观空耳。因其不知细心体认平等中之差别，自然无从着手，故不知其是的示修功也。或者因不知是指示修功，遂以为此乃如来境界，岂我辈所敢妄谈。所以怕怖般若者，又甚多多。本经所以从来多只说得相似般若者，实由于此。又其甚者，则一法不修，我见亦不除。反而自鸣得意曰：吾学般若。所谓狂乱，正指此辈。如是等病，皆由其于性修之关系，及修功之类别，换言之，即是于平等之差别，差别之平等，未曾细辨、分清，使然。此今日所以不得不细剖之，详说之也。

修行功夫，其类别多不胜说，然可概括为两种：（一）观门，亦名理观。（一）行门，又名事修。

理观者即依佛说可以贯通一切之理性，而加以深切之体认，严密之觉照。如是乃能运用之于行门焉。由是可知所谓理观者，虽是理，而已见于修。虽是修，而尚属于理。故若视理观为缓图，非也。若视为修此已足，亦非也。伊古已来，犯此病者不知几许。总之，作理观，必应兼事修。行事修，必应兼理观。缺其一，便不足以言修功矣。

事修者,如布施、持戒,乃至看经、念佛、一举手、一低头,无论大小精粗,凡见之于动作行为者,皆是。其修法须就事论事。事有万千差别,修法亦因之而有万千差别。如礼拜有礼拜的法则,唱念有唱念的法则,岂能一律耶。不但此也,理观既通于事修。故修理观时,不但应依上说之理性,观其平等之理。且应依所修之事类,观其差别之理。若但知观平等,不知观差别。或但知观差别,不知观平等。则亦等于盲修也已。当知性也、修也,修中之理也、事也。既不能看成两橛,又不可混为一谈。须体认其不一中之不异,不异中之不一。乃能性修不二,理事圆融。盖须圆融中有行布,行布中有圆融。方为真圆融,真不二,则无修而不成矣。此为学佛第一要件。若于此等处,未能体认明白,则似是而非,决无成就。

即如即非是名,有约六度言者,有约庄严佛土言者。然庄严佛土,正指修六度行说。可与约六度言者,视同一类。又有约三十二相、具足身相言者。有约世界微尘言者。皆境相也。然虽皆境相,若细别之,不能视同一类也。盖三十二相,具足身相等,因修福慧乃成。世界、微尘,不必修也。故界、尘,无事修之可言。但作理观,观平等之理性,空有不著可矣。若三十二相等，当归入六度之类。一面观其幻有本空之理性。一面更观六度为自度度他要门。身相，佛土，皆接引众生所必不可无。虽为幻有本空，但不应执著耳，万万不能断灭其事。其运之于行事也，则须依照幻法，勤修不怠。所谓启建水月道场，大作梦中佛事，惟心中不存一能修所修而已。此约即非是名之义，以行六度等之修功也。

若夫我见，则大不然。盖六度等是应当成就之事，我见等乃应当销除之事，正相反对。故观其幻有本空平等之理性，虽与修六度同，而就事作观，则应观其全非性有，只是假名。心中固不可存一丝之我，一丝之见。而运之于行事也，则应远离幻有之名相。深照本空之心性。此约即非是名之义，以除我见之修功也。知此，则凡无明烦恼等一切应销除之事，其修功可以类推矣。当知我见根深蒂固，今欲除之，非依此中所说之修功，必不能除。兹先说其概要。概要既明，乃可逐层深究。因此中修法，其理极细故也。

何以言欲除我见，非依此法不可耶？其理前来虽已说了，诚恐尚未洞明。兹再换言以明之。

譬若有人于此，能知我见之害，发心除之。然若心中看得我见难除，便已执我见为实有。则既横梗一我见实有之见在心，又横梗一除我见之见在心，缚上加缚，我见云何可除！何以故？但使心中微微有一能除所除在，依然是见，依然著我故也。

故我世尊特特于此，教以直照本来无我无见之心源。则不但我见无，即无我之见亦无。于是乎，我见之踪影全无矣。直捷痛快，孰逾于此。不慧何敢自谓能除我见，然于此事，曾有长时不断之体验观照。其中曲折隐微，略明一二。深知此中修法，妙而且要耳。今欲诸君能顿得益，且不敢孤负此科经文。谨就我所能领会者将经中所明修功，曲曲宣扬，俾有心人彻底了解。般若法门，或可由此大明于世乎。此则区区之本愿也。然而义味渊深，说既不易。若非静其心，沉其气，亦必不易领会。望诸君善思惟之。

今先约即非之义，穷源竟委，明其为除我见之绝妙修功。夫我见者，所谓无明本也。当知清净自性，原无无明。然而凡夫以不达一真法界故，遂自无始，不觉自动，以至于今。其心中自内达外，无非黑漆漆的无明。本具之性光，早已隐而不现矣。所谓不生不灭与生灭和合，名之为识，是也。既然全体埋在黑漆桶中，无一点点光明。说不执著，亦是执著。令其观空，而所观者正是识情，而非性空也。故即非我见一语，并非但令作观，观照性空。乃是教令振作精神，毅然决然，极力将我见等，一脚踢翻。从根本上，不承认自性中有此我人等见。即非二字，当如是体会。是为第一步胜妙方便。

前云全体在无明中，说不执著，亦是执著。然则说不承认，仍旧为识情用事可知，何以称为胜妙方便耶？当知凡夫从无始来，认贼为子久矣。今蒙佛诲，乃得知其为非，而肯不认。既知且肯，便是不生灭与生灭和合者，大现裂痕。即此，便是从无明壳中，有一线之智光发现，便是始觉，便是背尘合觉之第一步。非胜妙方便而何？

总而言之，胶固已久之物，若不如此先与决裂，岂能遽得脱离。故文中即非二字，大须用力。非仅仅作如是观已也。

问：如是觉照，和合者便大现裂痕，诚然。然不过仅现裂痕而已。而欲无明之无，尚应作何方便？答：即用此法，无明当下便无。不必更觅方便。故曰知幻即离，不作方便也。不然，何妙之有。当知自性清净，虽有无明我见等妄念纷纭，而其自性，则常恒不变，清净自若。因自性是真实体，无明是虚幻相。一真一妄，虽无始来，和合为一。实则表合里不合，本不相应。譬如泾渭分明，各不相涉也。此理惟证究竟觉之佛如来，方能彻底知之。故大乘经中，常说此理开示凡夫。以一切凡夫,皆日用而不知故。

而《圆觉经》开示此理最明。曰:"此无明者,非实有体。如梦中人梦时非无。及至于醒,了无所得。"梦,喻众生之迷也;醒,喻行人之觉也。学佛人首须信此。所谓信为入道之门者,即谓笃信佛说之理,入道乃得其门。因此理凡夫初未尝知,今虽知之,若非真修,亦难遽了。若无信心,哪有入处。故闻得即非我见,便当径向本来清净之心源上契入。

径向者,谓撇去一切不顾,孤零零地,直向未动念处觉照也。此如向来认贼为子,久已喧宾夺主。今幸而知其是贼,岂可复加顾盼,与之纠缠。更不必忧其势大难除。若其忧虑,反张彼焰。要知彼本无根。向之势力,全由自己信任使然。今知其非,不加信任。彼即无从施展,便当服从归化矣。何必畏之哉!此是除妄第一要着。勿忽。

故《圆觉经》曰:知幻即离也。知字最妙。知者即是觉照。果能觉照,见即冰销。譬如鼠子,觊觎暗陬,如被觉照,彼自逃去。此亦如是。盖同时不能起二念。妄心之起,即由正念之松。正念振兴,妄念便无。乃自然之理,并非奇特,故曰即离。当知即离与知幻,初非两事也。此是除妄最直捷最扼要之方法,不可轻视。时时如此觉照,不少放逸。我见从何而起耶！即起力亦甚弱。久久功醇，则自然不起矣。此即非我见之修功也。

有应补说者。凡夫之人，无始不觉，妄念未曾暂停。今欲知幻觉照，须修前方便。不然，何从知其为幻而觉照之乎。譬如久居闹市，昼夜喧声不停，并不觉闹。若在清闲之地，少有微响，便尔觉得。此亦如是。必先坚持禁戒，以绝染缘。多读大乘，以明佛理。令此中略得安静。俗见渐能减轻。乃能知幻，乃能觉照耳。

即非我见，本经说在最后者，亦是此意。然而说虽在后，修应居先。若于除无明我见方法，未得要领，则开经以来所说之性、修、理、事，何能彻底照了，则皆不得其要领矣。此理更不可不知也。

是名我见等之修功，尤要，尤妙。若但知即非而不知是名，我见又何能尽净！望诸君且先将即非我见之义，体认一番，再听是名我见之义。闻法要，在字字从心中深刻的体认，体认。不然，闻如不闻，何益之有！

今将宣扬是名我见之修功矣。或问：本经凡言是名，皆明不断灭义，而我见乃应销除者，云何通耶？前说即非之修功，为毅然与之决裂，以破其胶固之情，吾已知其妙矣。今曰是名亦为绝妙绝要之修功,岂既与决裂,又与拉拢耶?答:非此之谓也。前云事有差别,修功即因之而有差别。正指是名我见句而言。汝既知我见是应销除者,奈何又以应成就之理观、事修与此混乱而作戏论耶?

当知是名我见之义,是明我见为真性变现之幻相。所谓销除,并非断灭本性,乃是但除其病,不除其法。一也。且明我见是缘生法,心若攀缘,我见便随缘而起。若心不生,我见即无从生。所谓知幻即离,离幻即觉。二也。此二义,极要极要。除我见之修功,莫妙于此。若不依此,永不能除。恐犹未了,当更详谈。谛听谛听。

先明初义。我人等见,即是分别、执著。所谓六七识是也。识非他物,即是真性以不觉故,随染缘现起之染相。所谓不生不灭与生灭和合者是也。今观即非之义,与之决裂者。乃是不与和合,使彼销化于无形耳。彼若销化。所谓分别之六识,即是妙观察智;执著之七识,即是平等性智。何可断灭乎。一切凡夫,向苦不觉,不知为识,误认其是真性耳。故曰认贼为子。须知此贼原非外来,乃是家贼。且为主要人物,今与决裂,意在令其改邪归正耳。譬如独养之子,因不务正而不承认,意实望其回头。若竟永永摈弃,则家亦毁矣。

此亦如是。不可因恶无明我见，投鼠不知忌器，走入灰身灭智之途。外道之无想，二乘之沉空滞寂，皆坐此病。殊不知既偏于空，心仍有取。若心取相，则为著我人众生寿者，其我见又何尝能除乎。

更明次义。观初义中所说，初因不觉，认无明为真性。然则今既知之而不承认。可见即此一念，正是觉矣。故《圆觉经》曰：离幻即觉，亦无渐次也。先观即非之义，既能知幻即离。但须继续此知，遇缘而心不起，则一心清净矣。此所以离幻即觉也。所谓离者，即不起之意。初虽不无强制，久久功醇，便自然不起。至于自然不起，我见便究竟清净。当知此义是明不起便蓦直不起。换言之，不起便得，更不必加以辨别是否不起。何以故？辨别即是攀缘故，是其心又起矣。此即无明，此即我见。总之，除妄之功，贵在一刀两断。少加顾盼，便是藕断丝连，大忌大忌。此义《圆觉》更有八句经文，说得极为彻底，可与本经互相发明。

《经》曰："居一切时，不起妄念。于诸妄心，亦不息灭。住妄想境，不加了知。于无了知，不辨真实。"此八句经，自古至今，各随见地，言人人殊。兹为彻底说明其义，不作一蒙头盖面之语。当知八句之中，初两句为主，即"不起"二字为主也。下六句,是辗转释义,以说明不起之所以然者。谓必如此,方为真不起也。

总之,下六句不但是初两句注脚。且正是离幻即觉之绝妙注脚耳。妄心即是妄念,正指分别执著等无明言。当知妄心非他,本是全真随染而现,何可息灭?不可误认不起念,为如槁木,如死灰也。离幻即觉,则全妄是真矣,何必息灭哉!若其息灭,则是玉石俱焚。非不起之真实义也。故曰:于诸妄心,亦不息灭。复不可误会不息灭,为住妄想境也。当知唯识无境。妄想既不起矣,安得有境?安得有住?盖离幻即觉,则一切皆空矣。何必再加了知其是否住境耶?若加以了知,则是头上安头,念又起矣。何云不起哉!故曰住妄想境不加了知。

更不可误会若一无了知,岂非落于无记。当知既不息灭,非同槁木死灰。故念不起时,便灵光独耀,迥脱根尘。所以说离幻即觉。盖觉者真实性也,何必更须辨认是否真实。若其辨之,是又庸人自扰,尚得谓之不起乎。故曰:于无了知,不辨真实。

此六句总意,即是发挥彼经上文,有照有觉,俱名障碍之义者耳。此经是名我见之义,亦复如是。夫我见既是缘生。

可见自性中，本来不生，不过随缘而起之幻相耳。然则我见者，其名也。真性者，其实也。今既知其原非真性之体，乃是幻相，而直照本来未生幻相之心源。则假名何在？幻相何存？学人应当如是用快刀斩乱麻手段，一刀两断，则妄缘不起。不起便得，亦无所离，亦无能离。亦无所照，亦无能照。因彼离也、照也，亦皆对待缘生之假名幻相。清净自性中，本来皆无故。

若既知其即非而离之矣，又皇皇然辨其是否已离？或欣欣然自谓能离。是仍执以为实有，而于是名非实之义，犹未洞明之过也。此即法执。此即我见。故善用功者，必须一离到底，断则顿断，此是名我见之修功也。观上来所说，可知此科所说修功，妙极要极。何以故？

《圆觉经》又有要句曰："一切诸佛本起因地，皆依圆照清净觉相，永断无明，方成佛道。"此中修功，正是圆照清净觉相。故能无明我见，一断永断。岂不妙乎！岂不要乎！向来皆将此科只作空理看过，大误。亟当如是知之。更不可徒知而已，如入宝山，空手而回也。亟当依此起修，便得受用。

当知真性久为无明我见所障。非破此障，何能见性？若不见性，岂能超凡入圣。不但此也，开经便令发大愿、起大行,意在破我也。然而我见根深,若绝不克从破我上用功。大愿大行,亦未必遽能发起。观本经以大愿大行起,以破我见结。首尾相应,正是指示成始成终,超凡入圣之道,尽在于此。当如是领会,双方并进也。

此外犹有要义,不可不知者。盖此约我见明离亦离一科,即以显示不垢不净之义也。初科明不生不灭,次科明不增不减,此科明不垢不净。合之,以明诸法空相,义与《心经》正同。我见,垢也。离我见,净也。然曰垢曰净,犹为对待之相。而清净自性之净,乃是绝待。绝待者,垢净俱无是也。故离我见者,离亦应离。若存一能离所离,仍落对待相中,而非绝待之性矣。则我见终未尽净也。是以本科教令破我不可枝枝节节为之。当径向一念不生处契入。则我见之垢,既为假名而本无。于是离我见之净,亦复远离矣。何以故?既无垢,哪有净?垢净俱离,是真清净。

诸法空相下三科,初科是约身明义,次科是约世界明义,此科则约妄心明义。我见者,妄心也。合此三科,正是显示身心世界,莫非幻化;一切空相,性自平等之义也。

又复。凡夫执身为我,执世界为我所。我及我所,皆起于见也。故身与世界,是所执。见,是能执。而三科之义,则是显明能执所执之相俱空,并能空所空之念亦空,是之谓诸法空相。亦即发挥不生法相,法相本无之义也。故下科即以不生法相云云结束之。

全经千言万语,无非为破我人四相。而相起于见。至此则说明我见等为缘起假名,本来性空。此义正所以总结全经也。盖说此经,原为破我。今将破我发挥至究竟处,便是全经诸义之总汇处也。

上云:菩萨通达无我、法。又云:知一切法无我,得成于忍。至此更穷至彻底。何以故?向不生处契入,则我见本无。岂先有我而后无之。又岂有所成之忍耶。菩萨应如是彻底通达,乃究竟无我,究竟成忍耳。故下科以发无上菩提心者,于一切法应如是知见、信解、不生法相、法相本无,为结。菩萨,即是发无上心者。通达,即是知见信解。其义直贯至经初。经初所言应如是降伏其心,但应如所教住者,无他。为令证一切法相本来不生耳。于是全经之义,收束得点滴不漏,圆满无余。

(壬)次,结成不生。分二:(癸)初,正明不生;次,不生亦无。

(癸)初,正明不生。

"须菩提！发阿耨多罗三藐三菩提心者，于一切法，应如是知，如是见，如是信解，不生法相。

发阿耨多罗三藐三菩提心者，正与经初诸菩萨摩诃萨句相呼应。即谓发大心之菩萨，应如是知见信解也。开经以来所说发广大心，起广大行，不取法与非法之相，乃至发心不住，说法不住，得果不住，不住亦不住，无非令其知见信解如是如是。盖必如是知见信解，方为通达无我、法。故曰应如是知见信解也。

后半部开章以来，但说发菩提，不说心字者，所以遣其执著此是菩提心之见也。苟执于法，便落我人四相，便非菩提心，故应遣也。至此则诸法空相矣。菩提心现前矣。故此处不曰发菩提，而曰发菩提心矣。应如是知见信解，不生法相云云，正所以显示发菩提心，必应如是。如是，乃为菩提心。即以结束前来遣荡不住发心之意。在令开如是知见，起如是信解，不生法相云尔。岂令不发菩提心哉。

得此一结，前来所说者，义蕴无不毕宣，气脉一齐贯通，精神极其圆足。譬若画龙，点睛飞去矣。以文字论，亦神妙之至。一切法，通指世出世境、行、果而言。凡上来所说色声香味触法、身相、三十二相，乃至世界、微尘之境，布施持戒等大愿大行，以广度众生、庄严佛土，乃至离相、离念、离我见之行，生实信、生实相，成就第一希有、最上第一希有，以及得福德、得功德、得成忍、名须陀洹，乃至名菩萨、名诸佛、名阿耨多罗三藐三菩提之果，一齐包举在内。"如是"二字，即指上来所说种种义。上说诸义，不外缘生性空。

而最后究极无住以成证一大科中。初明平等法界显成法无我一科，所以究极性空不碍缘生之义也，性空不碍缘生，故成平等之法界；次明诸法空相结成法不生一科，所以究极缘生不碍性空之义也，缘生不碍性空，故即诸法而空相。

由是观之，"如是"二字之意味，即显诸法一如，一切皆是。因其皆是一如，故知见信解如是者，不生法相也。不然，法相并不断灭，何云不生哉。可见不生云者，正从如是出。非以毕竟不生为不生也。故下文即以即非法相、是名法相，表示之。当如是知，如是见，如是信解也。是之谓无上觉心。细意参之。

知，见，解，三字字义，原无大别。然三字连说，则意各有指，大有区别，未可笼统视之。佛经中此类句法颇多，皆当如是辨其意味，知其所指，切不可不求甚解，忽略过去。甚至以为语言重复，则大误矣。

然则此三字何指耶。嘉祥谓，知是世谛智，见是第一义谛智。达天谓，知是比量，见是现量。今谓宜依无著《论》。《论》云："智依止奢摩他故知，依止毗钵舍那故见，此二依止三摩提故解。"此义是明三者皆智。但以依止方便不同，故立三名。

奢摩他，此云止。止者，定也。智从定生，名知。观此，是知为真谛智矣。定则万缘俱息，了了证知，故曰知也。此与本经前以三际心不可得，诸法缘生即空，开佛正知之义恰合也。盖知约内证边说也。

毗钵舍那，此云观。观即是慧。智从慧出，名见。观此，是见为俗谛智矣。慧则差别事相，无不洞见，故曰见也。此与本经前以五眼、是沙、不执一异、开佛圆见之义正同。盖见约外照边说也。

三摩提，此云等持。谓定慧均等也。定慧均等，名之曰解。可见解是由定慧出，亦即知见二者之总名耳。此亦与前深解义趣之言义同。

长老本得无净三昧，定力已足，但慧未均等。迨闻甚深般若，智慧增上，故能深解。长老涕泪悲泣，正自愧其向来定多慧少；今幸闻深经，而得定慧均等。所以感极而泣也。

既曰解，又曰信者，何故？须知信为入道之门，功德之母。信者，契合之意。因其契合如是，故能知如是，见如是耳。解为知见之总名，故曰如是信解也。因其于一如皆是之理，契合无间，定慧均等，故能不生法相也。如是知句，明其定力。如是见句，明其慧力。如是信解句，明其定慧均等之力。信字贯通三句。不生法相句，是由上三句所生之功效也。

何以故？有定有慧，契合一如。可见其于言说、名字、心缘诸相，一切皆离。诸相皆离，便引生根本正智，即是不分别智。智无分别，即是一念不生。一念不生，名不生法相也。总之，知见信解，是不生之前方便。方便修足，便证本不生。其功行全在知见信解上，不生是其功效。本不生上，着力不得。著于不生，便是生也。下科正明此义。

（癸）次，不生亦无。

"须菩提！所言法相者，如来说即非法相，是名法相。

一切法相，皆是假名，本来即非。盖生即无生也。此明上言不生法相之所以然。须知所谓不生法相者,非有法相而不生,亦非毕竟无法相。乃是一切法相,本为缘生。缘生之法,当体即空。所谓非作故无,本性无故。既本性无,则不生亦亡。何以故?生即无生故,乃为真不生义。若不了其有即是空,而注意于不生,则正是生,何云不生哉?故一切发心者,当在一如皆是上,知见信解。此正降伏,此即无住。果能知见信解如是如是,则虽法相炽然,初何尝生。以本性不生故,则不降伏而降伏,无住而住,住而无住,证入无相无不相之真实性矣。

又复生即无生,则亦灭即无灭矣。可见说生灭,说不生不灭,犹是对待而说。实则即生灭不停时,本来不生不灭。不但生灭不可说,即不生不灭亦不可说也。当悉心观之。

曰如来说者,如来是法身。法身即实相。故约如来,而说即非法相,是名法相,以显无相无不相之义也。总之,此科是明即法相而无法相,即生而无生,非以不生为不生也。此义是明非但生之念无,并不生之念亦无。正是为一念不生写照,为本不生写照,为下文不取于相,如如不动写照也。如如不动者,生即无生之异名也。

又复此科亦正是结显经初应如是住,应如是降伏之义。

故科判曰结成。非但结本科也，全经义趣，至是而包举无遗，首尾完成矣。

结成本科者，如无所从来，亦无所去，不生法相也。一合相不可说，不生法相也。我见即非而是名，不生法相也。盖令即来去而无来去，即一合而无一合，即我见而无我见。何以故？径向未起念之心源上觉照，而契入本不生故。至若经初所说，度无度相，乃至心若虚空云云，非不生法相乎？发起序中所明，世尊示同凡夫，四十九年行所无事，非不生法相乎？其他诸说，皆可以此义贯通之。所谓应如是知、如是见、如是信解也。总之，千言万语，无非为令即诸相而无相，以证生即无生而已。故曰全经义趣，包举无遗，首尾完成也。上来正宗分已竟。

(乙)三，流通分。

流通分之判别，古人见地，各有不同。智者将前结成不生一科，一并判入流通。蕅益宗之，名前科为付嘱流通，名此科为校量流通。云何演说下，为流通方法。佛说是经已之下，为流通相貌。嘉祥但判佛说是经已以下，为流通。慧净、圭峰及清初达天皆宗之。窥基亦似同此，但不用序、正、流通字,别立名称耳。惟清初有溥畹者不然。著有《心印疏》。其疏于是名多坐实,因其约三谛说故也。独有超胜之见,不能为其他所掩者。即从此科起,判为流通分是也。何以言其超胜耶？经曰云何为人演说,此句已明明揭示弘扬此经之法。判为流通分,恰合经旨。故此次科判依之。

(乙)此科分二：(丙)初,示劝流通；次,正结流通。(丙)初,又二：(丁)初,示流通益；次,示流通法。(丁)初,又二：(戊)初,引财施；次,明法施。

(戊)初,引财施。

"须菩提！若有人以满无量阿僧祇世界七宝,持用布施。

阿僧祇,此云无数。今不止无数,乃是无量之无数。以充满无量无数世界之七宝布施,其福德之胜可知。引此财施者,所以显下文法施之福更胜也。持用二字,用在此处不嫌其赘者、何耶？以其意在引起下文之持于此经来也。意明行布施同而福德不同者,因其持以行施者不同故也。一是持财宝,一是持法宝。持无量数世界财宝,不及持一卷经乃至四句偈者。财施只救人身命，法施能救人慧命故。法施救人是彻底的。然非谓财施可废也。正明财宝如幻如化，而凡夫贪著其事。不知贪欲无穷，财宝有尽。若明佛法，则知世间事，无非梦幻。得财施者庶几除苦。行财施者福亦增上耳。且一切有为法中，最难看破者财宝，故引此为言耳。凡一切举财施较胜处，意皆同此。当如是领会也。

（戊）次，明法施。

"若有善男子、善女人，发菩萨心者，持于此经，乃至四句偈等，受持读诵，为人演说，其福胜彼。

古本及宋藏皆是发菩萨心者，流通本菩萨作菩提。应从古本。何以故？经云：未能度己，先欲度他者，菩萨发心。所谓流通者，重在法施利众。故曰发菩萨心，以显流通之意也。当知菩提心含义甚广，不止法施一事。此中因将指示流通之法，所以特举发菩萨心为言。与下文云何为人演说句，正相呼应也。

四句偈等，等者，等于半偈，或一句也。四句为一偈，两句为半偈。经中常言，半偈即可证道。若下文所说不取于相，如如不动半偈，苟能信受奉行，直趋宝所矣。何况全偈，何况全经。

持于此经之持，谓持取也，与下文受持义别。受持句，自利也。演说句，利他也。如法受持，则能悟入无生，施不住相，其福便已胜彼。况更为人演说此经，以行不住相之法施乎。盖此经开章即说度无边众生入无余涅槃，今为人演说此经，即是以无余涅槃法布施，岂彼七宝布施所能及。开章又说布施不住相，则闻此不住相之说者，其布施岂止以满无量数世界之七宝布施而已。总之，弘扬此经，便是绍隆佛种。众生获益，不可思议。其福胜彼财施，更何待言。经旨重在流通无上法宝，故下文专约演说言。且明得云何演说，自明得云何受持。说一边，即摄两边矣。

（丁）次，示流通法。分二：（戊）初，直指本性；次，观法缘生。

（戊）初，直指本性。

"云何为人演说？不取于相，如如不动。

云何为人演说，问辞。此中含有二义。一是问演说之人,应当如何？一是问演说经义,应当如何？不取于相,如如不动两句,正开示二者应当遵守之轨则也。以说者言,应于能、所说,及听说者之相,皆不取著。所谓以不生灭心,说实相法是也。此经正是实相法,故说者应以不生灭心说之。不生灭心,即是本性。所谓如如不动是也。意谓,演说甚深般若之人,应当三轮体空。且当称性而说,直指心源。乃能令闻者即文字般若,起观照般若,悟实相般若也。言下含有既不可妄谈,亦不可浅说意在。

以演说此经言。此经义趣,甚深甚广。前云：一切诸佛从此经出。是则经中所说,皆为成佛之法也。其深可知。又云:诸佛阿耨多罗三藐三菩提法,皆从此经出。是则经中所说,一切佛法,皆莫能外也。其广可知。则欲为人演说,若不得扼要之方,非大而无当,即散而无归。闻者难获法益矣。故示以经义之扼要处。即向下之二句一偈是也。可见此二句一偈乃本经之要旨,亦即一切佛法之要旨,千经万论中,所说之性修理事,此二句一偈,包括尽之矣。

抑有进者。表面是开示云何演说,骨里则是开示云何受持也。何以言之？盖如是演说,必先能如是受持。不然,岂能演说乎。且为人演说正欲人如是受持也,当如是领会也。

由是观之,不取于相如如不动两句经文,其义蕴深广也明矣。今当逐层剖而出之。

首先当知,此两句是全经之归结语,亦是全经之发明语。何谓归结?此一部经,自首至尾,所说无非不取之义。一望可知,无待征引,亦不胜引。至曰诸法如义,无实无虚,一切法皆是佛法,是法平等等句,皆如如义也。无所从来,亦无所去,则不动义也。今不过以此两句,结束全经之义耳。是之谓归结语。

然则何以又谓之发明语耶?全经所说,虽皆此义,然是散见。若学人未能融贯,则望洋兴叹,不知从何而入。故发明之曰:全经要点,不外不取于相如如不动八个字。学者当从此入。夫而后闻者皆能扼要以图,不致瞻前顾后,泛滥无归矣。是之谓发明语。

其次当知,此两句皆是说修功的。亦皆是说成效的。盖必能不取,方能不动。然亦必能观不动,乃能不取。所谓互为因果者也。若但认不取为修功,则经义偏而不全矣。今依经文次第说之。

所谓相者,何相耶?经中所说相,甚多甚多:色声等六尘相,布施等六度相,身相,佛土相,庄严相,福德相,众生相,度众生相,菩提相,发心相,相求相,下化相,因相,果相等等,历数难尽。总之,凡说一法,便有其相。今概括之曰:凡所有相,一切不取。当知说一相字,法与非法,皆摄在内矣。故不取相之言,即贯通乎不断灭相。何以故?断灭者,空相也,亦所不取也。当如是领会也。所谓由这一面,便应见到那一面。凡读佛经,第一要知此理。此不取于相句,若不如是领会,便与下文如如不动句不应矣。

何以故?空有两边,少有所偏,便非如如故。所以者何?偏则有取,取则已为所动故。总之,无论何取,取则心动。取则著相,而非如如之性矣。《圆觉经》曰:"种种取舍,皆是轮回。"轮回,谓生灭心也。苟有所取,必有所舍。何故取舍,由于分别执著。分别执著,所谓生灭心也。故曰:种种取舍,皆是轮回。犹言种种取舍,由有分别执著之生灭心。然则若能不取,当下便离生灭心矣。则当下便见不生不灭之性矣。故曰:不取于相,如如不动。

如如不动者,不生不灭之性也。不取者,无住之真诠也。无住者,不动之真诠也。何以故?若心有住,则为非住。非住之言,正明其动。若心有住则为非住,犹言有取便是心动。故必一无所取,而后一无所动。如如者,真如之异名也,皆谓本性。然立二名者,真如是指本具者言。如如是指证得者言耳。盖证性之时,智外无理,理外无智。智理冥合,谓之智如理如,故曰如如也。如如之义,明其能所双亡也。因其无能证,无所证,回脱根尘,灵光独耀,是以寂照同时。因其寂时照,照时寂,是以无相无不相。因其相不相皆无,是以不生不灭。因其不生不灭,是以如如不动。今既不取生灭之相,是以不生不灭如如之性现前也。故曰:不取于相,如如不动。

《圆觉经》曰:"一切诸众生,无始幻无明,皆从诸如来,圆觉心建立。犹如虚空华,依空而有相,空华若复灭,虚空本不动。"诸如来圆觉心,是说佛与众生同具之本性。在众生分上名曰如来藏者,是也。盖此句是约圣凡共说,非单约佛边说也。若单约佛说,则上句不可通矣。犹如虚空花,依空而有相。喻众生自无始来,以不觉故,依本来空寂之性,而幻成无明之相也。由此可知无明不过本性中缘起之幻相,犹如空中之花耳。空中本无花也,则性中本无无明也,明矣。空花若复灭,虚空本不动。喻无明若灭,性本不动。本不动者,是言当其现有无明之时,此性原未尝动。当知寻常所言心动,乃无明动耳。由此更可了然但能不取于相,如如不动之本性,当下便现,之理矣。又可知取舍正由无明,而无明本是幻相。然则不取于相,当下便如如不动者。因无有取舍,无明已遣故也。是故学人当于不取即无住上,痛下功夫。不然,虽欲不取,不可得也。

如如二字,有释上如字为相似,为相称;次如字为真如者。谓不取于相,方与真如本性相称相似而心不动也。此释不妥。《大乘义章》,明言如如亦真如。且如如之名,大乘经中常常见之,多指佛之境界言。何可云相称相似乎!即欲分开作释,上如字可释为契合。契合真如,所谓智与理冥也。当知曰相似,曰相称,则仍体是体,智是智。能所之相俨然,何云不取于相耶!故此释,乍视之但觉其浅耳,细按之则大大不协,故曰不妥也。

佛言,离幻即觉。觉字正谓如如不动之性,即字正谓当下便是。可见但恐不能不取耳。果能不取,当下现成。今乃释作不取于相,与性相似,显违佛语,万不可从。

顷言学人当于不取二字,痛下功夫。然则云何方能不取耶?此层断不可忽略过去,必应细究。当知不取相,即是离相。《圆觉经》曰:"一切菩萨及末世众生,应当远离一切幻化虚妄境界。由坚执持远离心故。心如幻者,亦复远离。远离为幻,亦复远离。离远离幻,亦复远离。得无所离,即除诸幻。"细究此段经义,可见离相功夫,全在坚持。坚持者强制之谓也。此层功夫,诚不可少。不然,无始来取相习气,何能除之!

然而更应细究,如何方能坚持不取乎?欲知如何始能坚持不取,当先知众生因何故取?无他,由有分别心执著我人众生寿者四相故耳。即复当知四相之相,实不外一我相。而我相之根,实发生于我见。

尤应细究,坚持不取,固足以遣我见。然只能伏,不能断也。何以故?无明未破故。且以无明我见未断之故,亦最足以破坏其坚持。然则非更于离无明我见上用功不可矣。云何能离耶?前引《圆觉经》云:知幻即离,不作方便,是也。此言知幻二字,即是离无明之最妙方便,不必别寻方便也。

然则云何能知其是幻耶?《楞严经》开示最明矣。《经》曰:"如来本起因地,最初发心,先以直心正念真如,始能远离诸幻。"正念即是觉照。谓须径直觉照真如本性,方能知其是幻也。由此可见必须先悟如如不动之本性,乃能不取于相矣。此前所以说不取于相如如不动两句经文,互为因果。应交互用功。不可但认不取句为修功,如如句为成效也。

换言之,不但应向不取上坚持,还须向如如上觉照。且觉照为坚持之前方便。即是欲坚持不取,必当先修觉照。不然,无明未断,岂能坚持。是故《圆觉经》云:"一切菩萨及末世众生,先断无始轮回根本。"轮回根本,即谓无明我见也。然则云何断耶。前引《圆觉经》不云乎:"一切如来本起因地,皆依圆照清净觉相,永断无明,方成佛道。"此与所引《楞严经》,先以直心正念真如之义相同。

譬如恶友,初因无知,误视之为心腹。今知其恶,欲与断交。然以关系长久,未能骤断。必须先与疏远,而后方可断绝。此亦如是。自无始来,误认幻识之无明,为其真心,关系密切久矣。今既翻然大悟其非。若不即速掉转头来,认准清净自性,径与接近。则仍是与无明混在一起矣。故圆照觉相,便是直心正念真如。便是与真心接近。而与真心接近,便是与无明疏远。如是方能望其永断也。

所以要紧功夫,全在圆照二字。何谓圆照?前念已灭,后念未生,正恁么时,一心湛寂,了了明明,是之谓照;圆者,非着力,非不着力,不沉不浮,恍如朗月孤圆,是也。此际一念未起,清净无比,遍体清凉,便是本来面目。初学未有定力。一刹那间,后念又起。便又如是觉照。只要觉照提得起,如天平然,此昂则彼自落,则又清净矣。务须绵密无间,使之相继。久久便能入定。至于如如不动之全体,谈何容易遽能圆显。然如此用功,便是随顺趋入也。本经此两句,即是此义。不但应向不取上坚持,还当向如如上觉照。要紧要紧。

今更引《圆觉经》,证明觉照本性能除无明之义。《经》曰:"于无生中,妄见生灭。"此言自性本来不生也。本来不生,即是本来不动。生灭即指无明。意谓自性中本无无明。说有无明,由于妄见耳。然则今知觉照清净本性,便是正见。邪正不并立。正见兴,则妄见除矣。故彼《经》又曰:'如来因地修圆觉者,知是空花,即无轮转。亦无身心受彼生死。非作故无,本性无故。"生死即谓生灭。此言自性既本不生,则亦不灭。故曰本性无。谓亦无身心受彼生死者,以本性原无生灭之故,并非造作使无也。所以发心便应觉照本不生之性,故曰因地修圆觉。因地,指发心修行之时。修字,即指觉照。圆觉,指本不生之性也。如是修者,知彼一切生灭幻相,尽是空花,有即非有故也。既如是知,则不为所转矣。不转,明其不动也。故曰知是空花,即无轮转。此两句,与知幻即离之义同。既已知幻即离,所以亦无身心受彼生死。则法性如如矣。综观上引经文,当可了然径向本不生处觉照,为除无明之妙法矣。何谓本不生处。即于未起念时觉照是也。念且未起,何所谓相? 更何有取? 果能如是绵密无间,则于不取自有把握。

总之,一面向不动处,摄心觉照,以成就其不取。复一面于遇缘时,坚持不取,以圆满其不动。庶于如如性体,得有入处。《楞严》亦同此说。如云:"诸修行人,不能得成无上菩提,乃至别成声闻缘觉,及魔眷属。皆由不知二种根本,错乱修习。云何二种:一者无始生死根本。则汝今者,与诸众生,用攀缘心为自性者。二者无始菩提涅槃,元清净体。则汝今者,识精元明,能生诸缘,缘所遗者。由诸众生遗此本明,虽终日行而不自觉,枉入诸趣。"

此中所说攀缘心,即是不觉妄动之心。元清净体乃至缘所遗者,即如如不动之本性也。彼经又云:"云何汝今以动为身,以动为境。从始洎终,念念生灭,遗失真性,颠倒行事。性心失真,认物为己,轮回是中,自取流转。"此段更说得明明白白。即是初发心时,便应辨明真妄。直向本不动处觉照。乃不致遗此本明,枉入诸趣,自取流转也。

当知如是觉照,亦须摄心。摄心亦非无念。亦非毕竟无相无取。然凡夫非此无入手处。所谓以幻除幻之法门耳。

因此法虽亦是幻,然是随顺真如。与其他动念取相者,因心不同,故得果便大不同。又复此法不过入手方便。虽为随顺真如之法门,而能照所照,亦当逐步遣净。所谓有觉有照,俱名障碍。故必须离而又离。得无所离,乃除诸幻。当如是知也。

总而言之,如如不动,即不生之义;不取于相,即无住之义。先须觉照本不生,乃能无住。至于一无所住,便证无生。交互用功,是为要门。且如是用功,是贯彻到底的。从初入手,乃至住、行、向、地、等觉、妙觉,皆不外此。故曰:离一切诸相,则名诸佛。一切诸佛,从此经出也。而上来特引《楞严》《圆觉》,以证此义。亦足见阿耨多罗三藐三菩提法,皆从此经出矣。

更有进者。本经以无住破我,为唯一主旨。可见全经皆是诠显,欲破无明,当不取相之义。后半部说诸法一如,说一切皆是等,即是诠显如如不动之义也。迨令通达无我法,而所谓通达,首令开佛知见,往后更畅发缘生性空之义。此科既以不取于相两句,开示学人应觉照如如不动之本性矣;而下科复开示以观法缘生。恰与正宗分后半部,先显如如,次说缘生之义趣同。此正指示全经要旨在后半部。

演说者,若不达后半部之义,前半部便不得要领;受持者,若不知从后半部所说者入观,亦复不得要领也。此是世尊深旨,极当体会。至于此科既令觉照本性,下科则令观法缘生者,尤为善巧,尤为扼要。此正佛知佛见,学人亟应如是通达。

盖凡夫全体无明,虽曰觉照本性,而本性面目久隐,无非黑漆漆的无明而已。然则奈何?今开示之曰:当先观诸法缘生,以作方便。故下科结语曰应作如是观,谓必当如是作观也。何以故?观诸法缘生,即是观诸法空相。相若空时,岂复有取,则如如不动矣。可不谓之善巧乎!可不谓之扼要乎!此义下科更当详谈。

演说演字,有深意焉。演者,演绎也。谓经义幽深,说经者当阐其微,发其隐,广征博引以宣扬之。务使其义曲畅旁通,乃不虚此一说耳。说一切经,皆当依此轨则也。

(戊)次,观法缘生。

"何以故?一切有为法,如梦幻泡影,如露亦如电,应作如是观。"

何以故者,问不取于相之所以然也。所以然有二义:

(一)因何而不取?偈语前三句已足答释。(二)何以能不取。则须全偈方足答释,而归重于第四句。今假设问答以明之。

问:因何而不取耶?答:因一切有为事相,皆是缘聚则生,缘散则灭。变化靡常,执捉不住。如梦、幻、泡、影、露、电然,似有无实故也。

问:然则何以能不取耶?答:应于一切有为法,作如梦、幻、泡、影、露、电观。知其当体即空,不生贪著,乃能不取也。

如上所说,本科大旨已明,兹再详细说之。

当知如如不动,是真实性。亦即所谓不生不灭之无为法。前云:一切贤圣,皆以无为法而有差别。今不令观无为法如如不动之真性,而令观有为法缘生无实之幻相,何也?此我世尊深知凡夫之病,特为巧开方便也。此中有二要义:

(一)凡夫之所以为凡夫者,无他,背觉合尘,向外驰求耳。何故向外驰求?无他,分别幻相,贪著幻相耳。何故分别贪著?无他,误认一切有为法为真实耳。由是之故,愈迷愈深,不肯回头,永被轮转矣。故今入门初步,先须令其深观一切有为之法,如梦、如幻、如泡、如影、如露、如电,莫非虚假,一切皆空,到底一无所得。所得,唯一苦味而已。且其苦无穷,说亦说不出。所谓万般将不去,唯有业随身,是也。果能常作如是观，洞明皆空之理，庶几不再受骗，而能死心蹋地回光返照乎！此所以欲观无为之真性，应先观有为之幻相也。此第一要义，必应了知者。

（二）一切凡夫性光，早被无明隐覆。有如一轮杲日，尽被乌云遮盖，光明全暗，太阳看不见了。此亦如是。妄念纷动，未曾暂停。今欲观之，而能观所观，莫非无明妄识。何能观见本性？此与满天黑云看不见日光，看来看去，无非昏扰扰相，是一个道理。故《圆觉经》曰："以轮回心，生轮回见，入于如来大寂灭海，终不能至。"

轮回者，生灭之意。寂者，无声，谓真如非可以言诠也；灭者，无形，谓真如非可以相显也。竖穷三际，横遍十方，曰大。体备万德，用赅万有，曰海。如来大寂灭海，即谓如如不动之本性也。可怜凡夫，全是生灭心；即发心作观，亦是生灭见。今欲以此生灭心，生灭见，观不生灭之圆觉性海，全然反背。故曰不能至。不能至者，言其南辕北辙也。

然则修圆觉者，欲觉照如如不动之性，岂非竟无下手处乎？我世尊大慈，今语之曰：勿忧，有妙法在。其法云何？宜观诸法缘生，自有入处矣。此意，无异曰：初不必强息妄念。虽欲息之，亦不可得也。

但当向有造作,有对待之一切有为法上,观察其变化无常,如同梦、幻、泡、影、露、电一样。使此心洞明一切诸法,不过缘会时,现有生起之幻相耳。实则生即无生。从此可知,表面虽万象森罗,而其底里,全然乌有。时时处处,如是观察觉照,便有不可思议功德。

何谓功德不可思议?当知观诸法缘生之理,若领会得一切法当体是空,便能契入诸法空相。相空则性自显。何以故?有相,则诸法千差万别,相空,则诸法一如故。诸法一如,即是性光显现故。性光显现,即是无明已明故。虽无明未必遽断,未必遽与如如不动冥合,而智理冥合,实基于此。何以故?妄念从此日薄故。对境遇缘,不易为其所转故。由是言之,观诸法缘生,无异观诸法空相。观诸法空相,无异观如如不动也。换言之,观生灭之有为法,如梦如幻。便不知不觉引入不生不灭之无为法矣。功德何可思议哉!此第二要义,为吾人更应了知者。

合上说两重要义,可见作如是观,譬如用起重机,四两可以提千斤,毫不吃力。轻轻巧巧,拨云雾而见青天。真善巧方便也。

不慧学佛以来,前二十年,虽修种种法,作种种观,毫无进步。一日于此四句偈忽若有悟。依此修观，初亦若即若离，若明若昧，未成片段，并无甚效。继悟应于一切境缘上极力作意以观察之，虽一极小之事，或极顺心，或极不顺心之时，皆以如梦幻等道理印之。即修持佛法亦以如梦幻等道理印之。行住坐卧，不离这个。如是久久，虽于不取于相如如不动功夫尚浅，然实从作此观起，此心渐觉空空洞洞。于一切境相，渐能无动于中。看经时眼光便觉亮些，念佛时亦觉踏实些。今请诸君试之，必有受用。当知博地凡夫，欲回光返照，舍此无下手处也，珍重珍重。

今再将上科与此科之义，综合而演说之。

上文如如不动，是说性体圆满显现。论其究竟，须至佛位方能圆满。初住以上不过分分现耳。故谓之分证觉。若信位中人，则仅得其仿佛。所谓相似觉也。故前人有将上如字，作相似释者。然如如不动句经义，是自初发心乃至究竟贯彻到底的。故不宜呆板作相似释。应作真如释之，乃能圆摄一切。无论相似而现，分证而现，乃至圆满显现，皆由不取于相来。故相字，不取字，其义意亦复包罗深广，贯彻到底。

相则无论空、有，以及双亦、双非，皆摄在内。其总相，则我、法二执是也。于此诸相，一切不著，乃为不取。且并不取亦复不取。则离而又离,得无所离,即除诸幻矣。于是乎如如不动之性体全彰也。

然而下手方法,须从未动念处觉照,即观如如不动之本性是也。此即《楞严》以不生不灭为本修因之义。亦即所谓依本寂之性以修止,而后得定;依本照之性以修观,而后得慧之义也。若不知从此入手,便是错乱修习,盲修瞎炼。譬如煮砂为饭,永不能成。

虽初学全是无明,观之不见。然必应深明此理,勤勤圆照。如前所说前念已灭,后念未生,正恁么时,一心湛寂,了了明明,是之谓照。圆者非着力,非不着力,不沉不浮是也。此即一线慧光,知幻即离之最初方便。一面复遵依此偈,观一切法,皆如梦、幻、泡、影、露、电,缘生即空。此法更为方便之方便,所谓知幻也。两种最好兼修。

以此两法,互相助成故。盖觉照本性,是在本源上用功。观一切法,是在境缘上用功。又复前观修定之意居多;后观修慧之意居多。定固可以生慧。然非先开慧,其定亦不能成。故互助之中,缘生观尤要。以观缘生,即可引入如如不动故也。此义前已详哉言之。

试思应作如是观句,大有非此不可之意。何等恳切!作字要紧,谓应十分作意观之也。

佛说此经,本为凡夫发大心者说。此二句一偈,正是指示大心凡夫下手用功处。故前后两观,务须绵绵密密,替换行之。行之既久,必有得处。

"如是"二字,固是指上文如梦如幻等说。须知如梦如幻,正谓诸法之相本空。亦即正谓诸法之性一如。可见如是之言,实含有一如皆是意味。所以观诸法缘生,便可契入如如不动也。然则作此观者,可以一篙到底,彻见本性。故曰应作如是观。犹言观一切法如梦如幻,即是观一如皆是也,故应作也。开示谆谆,岂容忽略读过。

有为法,不但世间法也,佛法亦摄在内,故曰一切。《圆觉经》曰:"生死涅槃,犹如昨梦。无起无灭,无来无去。其所证者,无得无失,无取无舍。其能证者,无作无止,无任无灭。于此证中,无能无所。毕竟无证,亦无证者。一切法性,平等不坏。"此中一切视同梦幻而无之。正所谓诸法空相,即不取于相之意也。亦即指示观一切如梦幻而空之,便契入如如不动也。故结之云:一切法性,平等不坏。平等,即是如如;不坏,即是不动也。故《圆觉》此段文,恰好引来作此经二句一偈的注脚。

总之,无论染法净法。既有此法,便有对待。既成对待,便是有为,便有生灭。故皆如梦如幻。然而欲证绝待之无为法,非从对待之有为法起修不可者。以舍此别无入手处故也。

不但观缘生是有为法。即觉照本性,亦是有为法。何以故?觉照即是观。既有能观所观,便成对待故。有对待便有相,便落有为矣。

本经所说,皆是无为法。且明明曰:一切贤圣皆以无为法而有差别。今于开示演说受持时,却令应观有为法。此为全经经旨绝大关键。亦即学佛者紧要关键。当知无为者,无所作为之谓也。若无所作为,妄何能除?真何能证?凡何从转!圣何得成!故无为法,须从有为法做出。故曰应作也。作字有力。但第一要义应明了者,是以无为法为目的,借有为法作路径。

若只认无为,鄙弃有为,是自绝也;若著于有为,不知无为,是又自画也。前者,所谓执性废修者也;后者,所谓著事昧理者也。第二要义,应明了者。

修有为法而不著,便是无为。除此别无所谓无为法也。所以本经开章所说,实无众生得灭度,当自度尽众生出;于法不住，当自行于布施出。以后所说，其旨趣莫不如是。夫度众生，行布施，有为法也。无灭度，不住法，无为法也。如是作去，便是涉有而不住有，观空而不住空。虽终日行六度万行，终日讲经说法，而实终日涅槃。

由此可知，不取法，当从不取非法做出；即非，当从是名做出；不执著，当从不断灭做出；无实，当从无虚做出；乃至无圣无凡，即从有圣有凡中见；不一不异，即从一异中见；不来不去，即从来去中见。此之谓诸法一如，是法平等。乃至不生不灭，即从生灭上见。此义，即是虽生灭而实不生灭；虽不生灭而示现生灭。此之谓不住生死，不住涅槃。无住之旨，于是乎究竟圆满矣。而其枢纽，即在观法缘生如梦如幻，了其皆空，所以无住也。故学人最要方便，应作如是观也。作如是观，便是不废有为，不碍无为。自然而然，遮照同时。中中契入如如不动圆觉性海矣。

一部甚深经典，归到极平淡，极切近，四句偈中。一切众生，无论利钝，皆可随顺而入。此之谓无上甚深微妙法，百千万劫难遭遇。此之谓真实义。

此与序分所序穿衣吃饭等事，同一趣味。皆是指示道不远人，即在寻常日用中。须于寻常日用中，看得透，把得定。

成佛、成菩萨，便在里许。所有自度度他等行愿，乃至礼佛诵经诸事，当视同寻常日用，造次颠沛弗离，而又行所无事，庶乎其近道矣！

故得此四句偈，不但全经在握，一切佛法在握，而成佛、成菩萨，亦在握矣。所谓一切诸佛，及诸佛阿耨多罗三藐三菩提法，皆从此经出者。今乃知诸佛及法，皆从于一切有为法，作如是如是梦、幻、泡、影、露、电等观出耳。

吾辈幸蒙佛恩，授此妙法。唯有一依此法，如是受持，如是演说，俾一切众生，皆作如是观，皆得证无生。乃足以少报本师之恩耳。

上来要旨已竟。至若梦幻等喻，其义甚精，甚细，甚妙。故作此观，便可证道也。兹当详细说之。

佛经中所说有为法之譬喻甚多。梦幻等喻之外，如乾闼婆城、水月、树橛、绳蛇、空花、兔角、龟毛，等等。其大旨，无非显示万法皆空之理。警告凡夫，不可认以为实。以破其分别执著，引令出迷耳。魏译《金刚经》，其喻有九。曰：一切有为法，如星、翳、灯、幻、露、泡、梦、电、云，应作如是观。秦译则约之为六。多少虽殊，理则一也。

六喻之中，梦喻为总，幻、泡、影、露、电为别。皆所以明其如梦也。根性好者,一闻梦喻,便可明了缘生之法,当体皆空。因恐或有未了,故复说幻等五喻。五喻若明,当可恍然万事同归一梦矣。所谓梦者,缘生法之一也。古语云:日有所思,夜形诸梦。所思即其作梦之缘也。亦有并无所思而梦者,如世俗所言之托兆。则托兆亦其入梦之缘。故为缘生之法。

有缘必有因。作梦之因为何?意识亦曰妄心。是也。若无此因,缘亦无从遇矣。故曰至人无梦。盖有道之士,妄心虽未断,必已能伏。故梦少也。由此可知一切皆唯心所造矣。

可怜凡夫,梦时固是妄心。即其所谓醒时,亦全是妄心也。故其所谓醒,依然是梦。何以故?从来迷而未觉故。若其已觉,决不致但知梦中之悲欢离合,得失穷通为假。而又认所谓醒时之悲欢离合,得失穷通为真也。须知醒时之心,与梦时之心,既皆是妄非真。所以醒时种种境遇,或由计划而成,或出意料之外。与其入梦之或由于日有所思,或由于神灵托兆,其理由全同也。而转眼皆空,了无所得,亦复毫无二致。岂非醒时即是梦时乎?故警告之曰如梦也!乃迷恋其中,计较分别,执著不舍。真痴人说梦矣。故曰众生从来不觉也。今曰如梦，正唤其速觉耳。或曰如梦之理，说世间法，诚然不诬。而永明寿禅师曰：大作梦中佛事。何以佛法亦可作如梦观耶。此有四重要义，不可不知。约凡夫言，其义有二：

（一）佛法作如梦观者，不可执著之意也。佛法重在破我。若有执著，我何能破。故应彻底遣之。佛法尚不可执，何况世间法。

（二）学佛者为证性也。若不证性，便不能超凡入圣。而性体空寂，故一切修功，必应归无所得。方与空寂之性相应。佛法作如梦观者，令其勤修佛事，而归于了不可得。庶几能所双亡，智理冥合也。

约佛菩萨言，其义亦有二：

（一）佛菩萨皆是已觉之人。其大作佛事广度众生而能行所无事者，视之如梦故也。视涅槃如昨梦，所以不住涅槃，而大作佛事；视生死如昨梦，所以不住生死，而常在定中。

（二）菩萨作佛事者，自觉觉他也。至于佛位，觉已究竟。而仍作佛事者，因无尽之众生，尚在梦中，以同体悲故，不自以为究竟也。故常行菩萨道，而现身于大梦未醒之众生中，而作佛事。所以永明曰：大作梦中佛事耳。

综上四义，可知大觉者视生死涅槃，本无可得。故曰：生死涅槃，如同昨梦。意谓，住于生死，固是作梦；住于涅槃，亦是作梦。必一无所住，乃为大觉耳。所以若住于所修之法，住于所说之法，住于所得之法，则皆是作梦矣。故本经主旨，在于无住。故曰：应无所住行布施，应离相发菩提心也。

总而言之，观一切染净法如梦者，意在通达一切有为法本无可得也。一心清净，有何可得乎？若有可得，即非清净矣。故应观一切有为法如梦也。

我世尊说法四十九年，而曰无法可说。又曰：我于阿耨多罗三藐三菩提，无少法可得。果地觉者如是。在因地修行者，亦必应如是可知。《楞严经》云："应当审观因地发心，与果地觉，为同为异。若于因地，以生灭心为本修因。而求佛乘不生不灭，无有是处。"有可得，生灭心也。观其如梦，了不可得，不生不灭也。当知梦即是有为法。若知其梦了不可得，而不迷不执，有为法便成无为法矣。

如字有味。未觉者，应观其所谓醒者，依然如梦，乃可以解脱一切，远离颠倒；已觉者，应观其所谓觉者，亦复如梦，又何妨现入华胥，游戏三昧耶。

总之，六喻皆是贯彻到底的。不仅为凡夫言也。二乘若知度生如梦,了不可得,便不致沈空滞寂。一类菩萨,若知上求下化如梦,了不可得,便可成佛。故作如梦之观,正是照破我法二执之宝镜,度入大寂灭海之慈航。

由上所说,可知一切有为之法,皆是依心为因,托事为缘,因缘会合,所生之果耳。除因果外,一切乌有。而名之为果,却又成因。说之为因,旋复招果。是即因果之本身言之,亦复毫无定形。故曰当体是空。譬如做梦,非不事相俨然,却是有即非有。故曰因缘生法,即假即空。故说一梦喻,已足了彻一切矣。

但以众生久在迷途,平日未尝不知世事如梦,乃一遇顺逆境界当前,仍复执迷,放不下去。且曰:过去事诚然如梦,若境遇当前,历历身受,不谓之实事可乎？故又告之曰:顺逆诸境,虽历历身受,其实皆如幻耳。幻者,佛经所说之幻术也,今世则名之曰戏。意若曰:汝见幻人幻术乎？幻出种种飞潜动植之物,岂不俨然似真。又如做戏然,粉墨登场时,邪正贤愚、悲欢得失、神情活现,能令人为之颜开,为之泪下。汝亦以为真乎？可因其悲喜无端,恍同身受,遂执以为实事乎？当知人生在世,亦复如是。一切遭逢,莫非妄识业缘之所变现耳。

世间即是戏场！一切众生，即是戏场中的各种脚色。当其锣鼓喧阗，非常热闹之候，有智慧者，便当自警，转眼即下台矣。此刻在此做这个脚色，不过为业力所牵，须了却一段缘法而已，岂可当真。譬如唱戏，既做了戏曲中一个戏子，必有夙因，方现此果。固然不能不用心唱做，误了所抱的目的。然而断没有执著戏中所扮演之人物，当作自己者。戏子之目的为何？名誉金钱是也。做人亦然，今世来做这个人，不过暂充这出戏中一个脚色耳。戏子尚能不执所扮演者，当作自己，吾辈岂可误认所暂充之脚色为自己乎！当知因果难逃，因果可畏，既暂充了这个脚色，自然不能不用心唱做，以免误了目的。但切不可只认名利为目的，须认准自己本有之家宝，以为目的。家宝者何？自性三宝是也。必应了了觉悟，做此假戏，既不可错了因果，牵累自性；更不可误认假戏为真，昧失自性。所以正当笙歌嘹亮，大众注目之时，便应自觉自悟，此一出幻戏，非我本来面目，誓当返我初服。庶几锣鼓收声，风流云散时，不致懊恼悲伤，手足无所措耳。故曰应作如幻观也。

世尊大慈，犹虑众生执迷不醒，以为一切人事谓之如幻，诚然非虚。然而抚念身世，终难放下。盖其意中，但能领会世事如幻。而犹认偌大的世界,及其宝贵的色身,为真实有,故放不下耳。因又告之曰:如泡如影。如泡,喻世界也;如影,喻色身也。何以故?所谓泡者,由于水为风鼓,激荡而成者也。而世界则由一切众生,于性海中,起无明风,造此共业之所结成,故以如泡喻之。所谓影者,由有日月灯光照之而现者也。而色身则由性光之所变现,故以如影喻之。此世、此身,既与泡、影同一缘生。可见身、世,亦与泡、影同一虚妄矣。岂可迷为真实乎!

此义《楞严经》言之最明。《经》曰:"认悟中迷,晦昧为空。空晦昧中,结暗为色。色杂妄想,想相为身。"此段经文,是说觉性圆明,大而无外,小而无内。本无所谓虚空也,世界也,色身也。全由众生觉性障蔽。遂致本来圆明者,成为晦昧。晦昧者,所谓昏扰扰相也。既已不悟,乃反认晦昧为虚空,故曰晦昧为空。是则由其认悟中迷之故也。认悟中迷者,言其自以为悟,实则依然是迷。何以故?以其认晦昧为虚空故。虚空既是晦昧,复纠结此晦暗者为色。故曰:空晦昧中,结暗为色。色者,地水火风四大是也,正指世界及一切有情无情之色相而言。先认晦昧者为虚空,复认晦暗结成者为世界,更认色与妄想杂成者为其宝贵之身躯。故曰:色杂妄想，想相为身。首句认字，直贯到底。妄想二字，亦贯通上下。何以误认？由有妄想故也。妄想者，识之别名也。受、想、行，为识之心所。故此中妄想之言，即指五蕴中之受想行识四蕴。想相为身之相，即上文色字。想，即妄想。一切众生之身，无非五蕴假合。故曰：色杂妄想，想相为身。谓四大之色相，与受想行识之妄想，杂而合之，成此幻身也。此段经文，明白开示、虚空、世界、色身，全由众生昏扰扰的妄想之所变现。妄想本非真实。刹那生灭。由其变现之身世，岂能真实乎！

人人皆知水中之泡，极其脆薄，最易坏灭。殊不知世界亦然，勿谓江山千古也。虽整个世界，未遽坏灭。然而陵谷山丘，桑田沧海，时起变化。足证时时在成坏中。此年事稍多者，所常经验之事。原非理想之谈。

且《楞严》又云："空生大觉中，如海一沤发。有漏微尘国，皆依空所生。沤灭空本无，况复诸三有。"有漏微尘国，有漏，明其必坏。微尘，明其其细已甚也。三有，谓三界也。此段经文，是说晦昧之虚空，在大圆觉海中，如海上之一泡。沤，即泡也。而微尘国土，更是依附海泡之物。泡若灭时，且无晦昧之虚空，何况三界耶！一切学人，常当观照此理。所认之虚空,尚是晦昧的昏扰扰相,尚且渺小如泡,何况世界,何况此身,何足算哉!岂可遗弃包含虚空,囊括三界之真实圆明性海,而认一渺小脆薄,成坏无常之浮沤乎。

至于影者,望之似有,考实则无。此身亦然,虚妄现有,考实则无。譬如镜中人影,因照则现。肥瘦长短,纤毫不爽。此身亦然,因心造业,循业而现。寿夭好丑,因果难逃。南岳思大师曰:净心如镜,凡圣如像。此明身之可见,因净心本具见性。犹如像之可见,因明镜本具照性。岂可因其可见,遂误认为实有!且净心之见性中,本无此身,不过见性发现之影耳。亦犹明镜之照性中,本无此像,不过照性发现之影耳。以上所说,犹是以幻身望于净心,明其为净心所现之影。若约幻身当体说之,亦复如影。何以故?除五蕴外,了不可得故。而且五蕴中之色,即是四大。四大既如浮沤,其余受想行识四蕴,又莫非虚妄。名曰妄想,故是虚妄。然则即五蕴本身,已了不可得矣。何况五蕴假合之幻身,其为似有实无可知。了不可得者,言其有即非有也。正如影然,但眩惑人眼耳。其实本空也。

一切凡夫所最执著以为实有者,识心、世界,及其自身也。今一一破其惑曰:识心如幻,前言世间即是戏场,一切众生即是戏场中脚色，莫非识心业缘之所变现，故曰如幻。世界如泡，此身如影。身、心、世界，尚且虚妄非实，则其余一切有为法相可知矣。然而迷途众生，虽知身心世界非实，或犹因循怠忽，不能勤作如梦如幻如泡如影之观。因又警策之曰：如露如电。露则日出而晞，留不多时；电则旋生旋灭，刹那而过。所谓生命在呼吸间，当加紧用功，如救头燃也。合此如幻等五喻观之，即是观于万事如梦，有即非有。故曰：如幻等五观，是别；如梦观，是总。

观此六喻，虽是观诸法空相，即是观如如之性。以性相本来融通故也。故观缘生，即可契入如如不动。故无为法性，从观有为法相如梦幻入手，便是两边不著，合乎中道。此义前已详谈。

今再以三性三无性说之六喻中随拈一喻，皆可明三性三无性之理。兹且约总喻如梦说，余可例知。

三性三无性，见于《楞伽经》及法相宗各经论。此为相宗精要之义。佛说法相，原为明此。若不知注重，但向琐细处剖晰。虽将一切法相，剖之极详。未免入海算沙，失其所宗。当知三性三无性之义，学性宗者，亦应通晓。因此义贯通性相。若知此义，则于缘起性空，更能彻了。修持观行，更易得力。盖上来所说如梦观，尚是总观大旨。若依三性三无性之理观之，则更入深微矣。

何谓三性？（一）遍计执性，（二）依他起性，（三）圆成实性。遍计执者，谓普遍计较执著也。即性宗常说之分别、执著、攀缘、无明、妄心、妄想等。性宗亦谓之分别性。此是妄想，云何称之为性耶？意在明其虽是无明妄想，然为真心之所变现，非离真实性而别有也。但相宗名为遍计执性，是单约凡位说；性宗名曰分别性，则兼约凡圣说。圣位之分别性，是明其应缘示现，对机说法，丝毫不爽。似有分别，盖约众生边望之云然耳，非谓圣位尚起念分别也。当如是知。

依他起性，即性宗所说之缘起、缘生、性起。此正本性随缘现起之相用。相用原不离乎性体。若无性体，便无相用。故曰依他起性。依者，随也。他，指缘而言也。

圆成实性者。圆，谓圆满。成，谓本具。圆成字，约体说。明其本来圆满具足，非造作法。亦兼约相用说，谓相用为体所本具，净德圆满也。实，即真实。此即性宗常说之法界、真如、如如、真心、实相、圆觉、自性清净心等，其名无量。性宗亦谓之真实性也。

何谓三无性？（一）相无性，（二）生无性，（三）胜义无性。无字甚活。有非字意，有空之之意，即不可执著是也。

相无性者。众生于一切事物上，妄计有我有法而执著之，所谓遍计执也。殊不知遍计所执之我相法相，完全由于误认。譬如认绳为蛇，不但蛇相非实，即绳相，又何尝真实？故曰相无性，谓虚妄之相，非真实性。当体会性中本无有相，应不著相而无之，乃是性也。

生无性者。生，谓缘生。盖一切法，但依因缘聚会，假现生起之相耳，所谓依他起也。然则既为缘生，可见一切法，本无实体。体惟净性。恰如绳之生起，亦由因缘集合而有。绳非实体，其体乃麻。故曰生无性，谓缘生之法，本非真性。当体会缘生法虽以性为体，而于性体中无此缘生，应不著缘生而无之，乃是性也。

胜义无性者。真如之性，为一切法之本体，名第一义，亦名胜义。此性真实，众生本具，本来圆满，所谓圆成实也。然胜义亦是名字，如麻亦是假名。故曰胜义无性，谓胜义亦为名言，而非性也。当体会真实性中，本无胜义名字，应并胜义亦不著而无之，乃真实性也。

性宗立名略异。名相无性，曰无相性；谓不著相，方是真性。名生无性,曰无生性;谓不著缘生,方是真性。名胜义无性,曰无性性;谓性亦不著,方为真性。此义,正显相既离性而无体,性亦非离相而别存。于义尤圆。

故无性性,亦名无真性。谓并真实之见无存,乃是真实性也。又名无无性。次无字,空无之义。谓不著空无,乃是真实性也。

上来略释名义竟。当再约如梦之喻,以明三性三无性之理。

佛说三性三无性,所以显性、相之圆融也。诸有智者,必应明了三性三无性之理,以贯通乎性相。则能空有不著,合乎中道。

而本经令观一切有为法如梦者。因作如是观,便能洞彻三性三无性之理故也。换言之,若明三性三无性,方能彻底了然一切有为法之如梦。

兹故将如梦之义,与三性三无性之义,合而演说之。以期于此二义,皆得彻了。至于幻等五喻,原是说以证明如梦之义者。故虽仅约如梦而说,而于义已足。

当知清净心中,本来离相,是谓真实性。犹之心若清净,便无梦相也。但因真性以随缘故,现起身心,此谓妄心,即是识也。世界等相。是谓依他起性。无异入眠时,随缘而现梦中境相也。乃凡夫之人,以不明一切有为法,既是缘生虚相,生本无生故。遂致计较执著,认虚为实,是谓遍计执性。正如愚痴之辈,以不知梦为缘生虚相,有即非有故。而执梦境为真实也。

是故若知梦中境相,皆是一心之所变现,有即非有者。当知无相性,亦复如是。

夫一切法,莫非心造,故称有为。然则有为之法,既皆心造。可见心性乃真实体。一切有为法,不过依心托事,随缘现起之相耳。所以凡所有相,皆是虚妄。岂可执以为实乎!若其执之,是迷相而昧性矣。何以故?性本无相故。

若知心本无梦,但由妄想熏起。而妄想本虚,所以由其熏起之梦,有即非有者。当知无生性亦复如是。夫一切有为法,既是缘会假现之生相。可见性体中,本来无生。故一切有为法,既不可执以为实。即其缘生之虚相,心中亦不可存。若其存之,依然昧性。何以故?性非缘生故。

若知梦时心,与醒时心,并非二心。但由睡眠之故,名为梦心。实则非梦心外,别有醒心者。当知无性性亦复如是。夫妄心、真心,本来不二。但由无明不觉之故,名为妄心。若无明、明，而不觉、觉，妄心便是真心。犹之若不入睡，梦时之心，原为醒时心也。故修行人，不可于妄心外，别执有一真心。换言之，即是不应灭色以明空，灭相以见性。若其如此，仍复昧性。何以故？不著于性，乃真实性故。所以者何？苟有取著，便为我相我见，而非自性清净心矣。

上来所说，是以如梦之义，说三性三无性。则三性三无性之义，彻底洞明矣。即复以三性三无性之义，说如梦。故如梦之义，亦可彻底洞明也。综观上说三性三无性之义，可知要紧功夫，惟在不起遍计执。则依他，便是圆成实。何以故？于性相皆不计执，虽炽然现相，而心固无相也。虽示入生死，而性本无生也。计较即是分别，所谓第六识。执著，所谓第七识也。此即无明不觉。此即我见。

故本经唯一主旨，在于无住，以破我也。综观上说如梦之义，可知作如梦观，是贯彻到底的。即是由粗而细，由浅入深，从初修至于究竟。一切行门，皆不外乎此观。盖说一梦字，以喻无明不觉也。复说一如字，则喻无明不觉，似有实无，性本非有。精极、确极。不但此也。如梦者，似乎做梦也。似乎做梦，正显一切有为法，是有即非有的；亦显一切有为法，是非有而有的。观其有即非有者，不可著有也；观其非有而有者，不可著空也。故如梦之言，不是但令观有如梦，乃令并观空有一切如梦。果能于一切有为法，有即非有。何妨于一切有为法，非有而有。此之谓大作梦中佛事。学人初下手，便作此圆顿妙观。则既不执实，亦不执虚，且不执无。即是本经所说无我相、无法相、亦无非法相。一空到底矣。于是虽涉有，而不住有。虽行空，而不住空。故能中中契入无相无不相之实相。则如如不动矣。

盖不住，而涉有行空，正所谓即止之观也。行空涉，而不住，正所谓即观之止也。故作如是观，便是止观双运，便能定慧均等。则如是而证，便能达于寂而常照，照而常寂，寂照同时。故曰一切诸佛，从此经出。

总而言之，一部《金刚般若》，无住妙旨，全在不取于相如如不动上。而欲达到不取于相如如不动，全在一切有为法，如梦幻泡影，如露亦如电，应作如是观上。一切学人，当从此观，随顺而入。此观，正是金刚慧剑，无坚不摧，无无明烦恼而不破也。故应如是演说，如是受持。永永流通此绍隆佛种之无上大法也。

（丙）次，正结流通。

佛说是经已。长者须菩提,及诸比丘、比丘尼、优婆塞、优婆夷,一切世间天人阿修罗,闻佛所说,皆大欢喜,信受奉行。

佛说此经已者,谓甚深经典,说已究竟,无义不彰也。已字正与下文欢喜奉行相呼应,以显机教相扣,大众皆能闻斯行之之意。且显信奉流传,永永无尽,虽名曰已,而实未尝已之意也。

长老为当机众,故首列之。次列四众者,皆是佛门弟子也。比丘义为乞士破恶怖魔等。比丘尼,为出家二众。尚有未受具足戒之沙弥,沙弥之义为息慈,息恶行慈也。又为勤策。沙弥尼,亦摄在内。优婆塞、优婆夷,此云清信士、清信女,亦云近事男、近事女。谓清净三业,信奉道法。堪以亲近三宝,承事供养者也。是为在家二众。在家人欲入佛门,先须请比丘授三皈依。若无比丘,可请比丘尼。此为正式入三宝门,可名佛弟子,亦名三宝弟子。继受五戒,则名优婆塞、优婆夷。若未受五戒,不堪此称也。再进,可受菩萨戒。菩萨戒,有普为出家在家同说者,如《梵网经》所说之十重四十八轻。有专为在家二众说者，如《优婆塞戒经》所说之六重二十八轻。若在家人，自审能一一如出家人，可与出家人同受。否则不如受六重二十八轻。因受戒便当奉持，倘受而不持，招罪不小。必应细意审量而后受之。受菩萨戒后，则称菩萨戒优婆塞、优婆夷。若尚未正式三皈，只称信士、信女。不称佛弟子，及优婆塞、优婆夷也。优婆塞、优婆夷，皆可讲经说法，而为法师。惟不可为皈戒师。因自己未受具足戒之故。三皈依，即是戒也。今世有向在家善知识请求皈依者，此误也。当知请求皈依，乃是请求为传三皈依戒。此事只可向出家善知识请求也。若向在家善知识请求讲经说法，为其弟子，依以为师，则固无不可者。如其志愿真诚，堪以教化。善知识亦不宜一味峻拒也。无论聚会之所，或在道路间。在家二众，当敬让出家人居前。虽出家在家，同为佛子。然以次第言，比丘譬若长子，次则比丘尼、沙弥、沙弥尼、优婆塞、优婆夷，不可紊也。

当知出家者割舍恩爱，远离尘俗，已在住持三宝之列，岂在家二众，混身五欲拖泥带水者所可及，故应尊重。即破戒僧亦不可轻视。何以故？当知出家之戒，繁密严重。比丘具足戒有二百五十条，比丘尼具足戒有三百七十余条。少不经意,便已侵犯。奉持二字,谈何容易。即沙弥、沙弥尼,亦受十戒。比在家人已多一倍矣。岂可轻作讥评。果深知其言行相违,或不守清规,敬而远之可也。此遵佛制,所谓默摈是也。默者,不扬其过。摈者,疏远之意。即对在家二众言行相违者,亦应如是。此是修行人应守之本分,不可忽也。

总之,若欲佛法昌明,必须出家在家众中,皆有道高德重为众所服者,以为领袖。且须政治清明,政府中主要之人,亦能信奉三宝。互相维护而整饬之,始克有济耳。依佛制,出家人若违佛法,即归僧中领袖大德,依佛律治之。倘犯国律,亦须经其领袖大德同意,先令还俗。然后方可依世法治之。而尤在披剃时,严选资格。乃为正本清源之道也。

娑婆为一大千世界。其中有十万万四天下,十万万六欲天等。况佛说法时,十方无量数世界菩萨、天、龙、来赴法会者,甚多甚多。故曰一切世间。说一天,及修罗,即摄八部。此中人字,通指四众以外之人也。不说菩萨者,其义有二。(一)此经说在大般若法会之第九会。前会已详列菩萨矣,此故略之。(二)此经是为发大乘发最上乘者说。可见在会者,皆是发无上菩提心之菩萨摩诃萨。故不别列也。

皆大欢喜者,闻此大法,心开意解。是为欢喜。且知信受奉行，便是荷担如来。当得菩提，成佛有望，非同小可。故大欢喜。在会法众，无不如是。故皆大欢喜也。

信，即信心不逆之信。受者，解也。即深解义趣之解。因其有不逆之信，深解之受，所以奉行。奉者，遵奉。谓遵依经中所说之义趣。行字，兼自利利他言。谓自己既遵奉而行，复广布此经，为人演说，令一切众生，无不皆大欢喜。如是信受，如是奉行。务使慧水长流，法脉永通。传之尘劫而无滞，普及万类而无遗。则遍法界，尽未来，有此经处，便是佛说法处。前云佛说此经已，不过约一时之事相言之耳。结集者之意，在于一切大众，依教奉行，佛种永永不绝。则我世尊之说是经，固永永未有已时也。不但结集本经者，具此宏愿。我辈今日说者、闻者、发起此法会、维持此法会者，亦无不皆大欢喜，信受奉行，同具此愿也。具有此愿，乃为真信受，真奉行，真欢喜。此正吾辈报佛恩处。不慧自愧于此深经，未尽演说之量。不过大海中说其一渧耳。然而即此一渧，已具全海之味。唯愿诸善知识，从实信而入净信，于有为而证无为。以此行愿，庄严佛土，化度有情，便可即身成佛，岂止决定生西已哉！

金刚经校勘记

此本一依敦煌石室唐人写经。而柳公权所书,即石室藏经之一。久有影印本行世。可以覆按。故校勘记中,首列柳书。次列参校诸本。兹将所据各本名目,及有无单行本流通,一一详载于校勘记前。以便检校。

柳书　经后题云:长庆四年四月六日衔柳公权为右街僧录准公书。按柳书,清宣统间上海有正书局,曾汇聚石室中藏品十余种,以珂罗版影印行世,颜曰石室秘宝。柳书为秘宝之一也。长庆,乃唐穆宗年号。

翁书　乾隆五十七年壬子。翁方纲书。跋云:依南唐道颙法师石本。按翁书系依五代时南唐石刻,故列于宋藏之前。现有石印赠品。

宋藏　南宋理宗绍定时。平江府碛砂延圣院刊。所谓碛砂藏是也。按此藏经始于宋理宗绍定四年，完成在元武宗至大二年，前后历八十年而后工竣。原藏西安卧龙开元两寺。后移存陕省图书馆。现上海影印宋版藏经会正在影印中。

张书　南宋理宗宝祐二年甲寅。张樗寮即之书。自跋云：依天台教僧宗印校本。清康熙四年乙巳。笪重光等摹勒上石。供焦山石壁庵。按宝祐二年，后于绍定二十余年。经中文句，与碛砂藏微有异同。有拓本。又有民国十七年汪大燮依张书所写石印本赠品。

金刚经注疏　唐纪国寺释慧净注。注前有唐常太博士河南褚亮序。慧公同时人也。后有日本丹阳散人跋。其略云：此注在支那不行，于扶桑亦未睹。近义空师获其真本，遂刊行而永传之。久隐之至宝，一旦发光扬彩，可谓得时。享保二岁丁酉初秋。按日本享保丁酉，为我国清康熙五十六年。经文不审何时会入。以校柳书，字句多同。且少魏译一段。必在他种会本前。故先列之。

金刚经注　姚秦释僧肇注。有日本沙门敬雄序云：曩由慈觉大师。于支那持归。秘诸名山九百年。顷祖芳禅人持以示余。余叹曰：此经之注，肇公为先。注来大东，亦此注为先。而发于诸注既行之殿者，岂非时节因缘乎。天台大师曾讲此经，专依肇公。犹如说观经，专依净影也。梓而行之，其利益复如何哉。宝历十二壬午之夏。按日本宝历壬午，为我国清乾隆二十七年。距今百七十二年。上溯九百年，约在吾唐季懿宗咸通之初。经文亦不知何时会入。但与南唐石刻及长水刊定记，互有出入。亦已加入魏译六十二字。且注其下云：此六十二字，肇本无之。天台疏亦无科判。然诸本皆有此文，故且存之。其必后于慧注之会本可知。以上两书。均见商务印书馆影印续藏经中。无单行本。（古农按，续藏中此书，曾于民国九年，丁惟森等依黎端甫校本，刻于赣州刻经处。）

金刚经智者疏　隋天台智者说。清光绪三十三年金陵刻。

金刚经义疏　隋嘉祥吉藏撰。民国六年金陵刻。

金刚经赞述　唐大慈恩寺窥基撰。民国六年金陵刻。

金刚经疏论纂要　唐大兴福寺宗密述。民国十一年北平刻。按以上四书。皆得诸日本。义疏原无经文，乃金陵刻时会入者，故与现流通本同。其他三书会入之经文，或依其旧，或未全依，故与流通本有同有异。可以单行本与续藏对校也。

金刚经疏记汇编　民国十九年北平刻。疏即疏论纂要。记则宋长水沙门子璇所撰刊定记。按续藏中收有明释大璸之疏记科会，是清乾隆四十七年依照云栖旧本重刻者，可藉以考证明时经文与今本异同也。

校勘记

应云何住

（柳书、翁书、宋藏、张书、明刻及慧注、肇注、纂要、三会本皆同。今流通本及清初本作：云何应住，与后周语同。按赞述引经，亦作应云何住。）

若非有想非无想

（柳书乃至明刻、慧注、肇注、智疏、赞述、纂要、五会本及今流通本皆同。清初刻本，于"非无想"上，有加一"若"字者。并注云：古本无之。按古本既无，何可滥加？今以所见各本参校，盖自唐季以后，经文乃被人陆续增易，而明清间增易最多也。）

若菩萨有我相人相众生相寿者相即非菩萨

（肇注会本，"若"下无"菩萨"二字，余本皆有。）

则见如来

（柳书、翁书、宋藏、张书、及慧注、肇注、智疏、三会本并同。流通本"则"作"即"。明清刻本皆然。）

于此章句

（古今各本皆同。惟肇注会本，作"此于章句"。）

则为著我人众生寿者

（古今各本皆同。惟清初刻本"则"作"即"。）

何以故若取非法相

（古今各本皆同。清初刻本，有疑"何以故"三字为衍文而删之者。）

是故如来说福德多若复有人

（古今各本皆同。清初有刻本，于"若复"上，加"佛言须菩提"五字。）

所谓佛法者即非佛法

（古今各本皆同。清初有本，于"即非"句下多"是名佛法"句。按长水刊定记云：如经中，即非佛法是胜义谛，遮增益边，是名佛法，是世俗谛，遮损减边，其余即非是名例此，见疏记汇编卷三第十一页。是长水时，已有刊本，不知被谁加入此句矣。然考圭峰疏意，实无是名句。疏云：第一义中，无有佛法从经出也,见纂要卷上第二十六页。长水记于此,则依疏而释,未及是名句,见汇编卷四第三十二页。考古德注疏中,皆无是名句义。)

而实无来

(柳书、宋藏、慧本均同。流通本作"而实无不来"。盖南唐石刻已加入"不"字矣。按智者疏、嘉祥义疏皆云:以无兼不。慧注则云:观内既不见有我,说谁不来,故云而实无来也。足证本作"无来"。)

是第一离欲阿罗汉我不作是念

(柳书至明刻、慧注等五会本并同。流通本"我"上有"世尊"二字。清初诸本皆然。)

我若作是念

(古今各本皆同。惟肇本无"我"字。)

于法有所得不世尊如来在然灯佛所

(柳书、慧本同。流通本'有所得不'下,有"不也"二字。南唐石刻以后本皆然。)

则非庄严

(柳书、宋藏、张书、慧本同。流通本作"即非"。南唐石刻、明清诸本皆然。)

而此福德胜前福德

（古今各本皆同。惟慧本"而"作"如"。）

则为有佛

（柳书至明刻，慧注、纂要、两会本并同。流通本及清初诸本，"则"作"即"。）

则非般若波罗蜜

（柳书至明刻，及慧注会本并同。流通本及清初诸本，"则"作"即"。其下又有"是名般若波罗蜜"句。清初有本并注其下云：古本无，按是名般若波罗蜜句，南宋碛砂藏始见加入，不但为唐人写经所无，即南唐石刻，及张樗寮书，皆无之也。慧注等五会本经文，皆无是名句。又考肇注曰：则非般若，即慧空也。境灭慧忘，何相不尽。弘持之旨，宜在于此。智者疏同。智疏又曰：般若即非般若，此是如空。嘉祥义疏曰：般若非般若，心行断也。下如来无所说，绝言语也。又曰：佛说般若，此是佛般若也。则非般若，非是二乘智慧。慧注曰：证真之日，得真般若。得真之时，便舍文字。故云佛说般若即非般若。赞述曰：则非般若波罗蜜者，非一佛独陈也。纂要曰：则非般若者，无著云：对治如言执故。以上诸古注，皆未释及是名。）

可以三十二相见如来不不也世尊何以故

（柳书、慧本同。流通本"何以故"上有"不可以三十二相得见如来"句。按南唐石刻，已加此句。考各古注，皆未释及之。义疏谓犹是释成前文，可以身相见如来不之义。故与前文贯串而释。）

则生实相

（古今各本并同，清初本"则"作"即"。）

则是非相

（柳书至明刻、慧注等五会本并同。流通本、清初本"则"作"即"。）

是人则为第一希有

（古今各本并同，清初本"则"作"即"。）

此人无我相人相众生相寿者相

（柳书至明刻、慧注等五会本皆同。流通本、清初本作"此人无我相无人相无众生相无寿者相"。）

则名诸佛

（柳书至张书、慧注等五会本皆同。流通本、明清刻本"则"作"即"。）

非第一波罗蜜

（柳书至明刻、慧注会本皆同。流通本、清初本作"即非"。）

如来说非忍辱波罗蜜

（柳书至明刻、慧注等五会本并同。流通本、清初本、于此句之下,有"是名忍辱波罗蜜"句。清初有本,注明其下云：是名句,古本无,然不可少。由此可见是彼时加入。按智疏曰：既无我人,谁加谁忍。故非忍为忍,忍为非忍,为般若体也。纂要曰：忍到彼岸,已离苦相。况彼岸非岸,谁苦谁忍。其他古注中,皆无是名句义。）

则为非住

（柳书至明刻。慧注、肇注、智疏、纂要、四会本并同。流通本、清初本"则"作"即"。）

菩萨为利益一切众生

（柳书至明刻、慧注等五会本并同。流通本众生下有"故"字。盖清初时加入者也。清初有本注明其下云：各本无"故"字。）

则非众生

（柳书、宋藏、明刻及慧肇二注会本并同。流通本、清初本"则"作"即"。南唐石本、张书亦然。）

则无我见

（柳书至明刻，慧注等五会本、流通本并同。此与下文，则为如来以佛智慧，则为荷担，则于此经，则为是塔，则为消灭，清初本"则"多作"即"。）

皆成就不可量不可称无有边不可思议功德

（柳书如此，其他各本作皆得成就。按慧注云：若人依经起行，即生无边之福，与三佛性相应，故能圆满界种。界谓真如，种谓菩提心、六度行。界种，即三佛性也。玩此注意，其无"得"字可知。得者，当得也。今言与三佛性相应，是已成就矣。已成就者，谓其成就相应，已具有能圆满界种之资，非谓已成佛。此即长水记所云：若能宣说受持，此则修行二利，能令佛种不断，则名荷担菩提。盖成就之言，即言其成就荷担。所以长水记又云：不可量等功德，与无上菩提为因也。据此，足证本无"得"字。）

心则狂乱

（柳书至明刻、慧注等五会本并同。流通本、清初本，"则"作"即"。）

发阿耨多罗三藐三菩提者

（柳书如此。其他各本，"者"上有"心"字。按经旨正破存有菩提法之心，故下即紧接曰：当生如是我应灭度众生，乃至无一众生实灭度之心也。则"菩提"下不能著"心"字。应从唐人写经明矣，下同。）

何以故若菩萨有我相人相众生相寿者相则非菩萨

（柳书、明刻本、慧本、并同。翁书乃至流通本等，"若"上有"须菩提"三字。又清初本，"则非"作"即非"。）

实无有法发阿耨多罗三藐三菩提者

（柳书如此。其他诸本，"者"上有"心"字。）

若有法如来得阿耨多罗三藐三菩提

（柳本、慧本同。其他各本，"提"下有"者"字。）

然灯佛则不与我授记

（古今各本皆同。清初本"则"作"即"。）

则为非大身

（柳书、宋藏、张书、明刻、慧注等五会本并同。流通本"则"作"即"。翁书及清初本皆然。）

则不名菩萨

（古今各本皆同。清初本"则"作"即"。）

无有法名为菩萨

（柳书、慧本、肇本并同。流通本作"实无"。南唐石刻以后皆然。按长水记云：但约无我无人，真如清净，名为菩萨，非谓别有一法。足证本无'实'字。若有之，当云非谓实有一法，不云别有矣。）

恒河中所有沙

（柳书、宋藏、张书、慧本并同。流通本"恒"上有"如"字。南唐石刻、明清诸本皆然。）

有如是等恒河

（柳书、宋藏、张书、慧本并同。流通本"等"上有"沙"字。南唐石刻、明清诸本皆然。）

过去心不可得现在心不可得未来心不可得

（古今各本并同。惟慧本，初"过去"，次"未来"，三"现在"。无著菩萨论亦然。论云：过云已灭故，未来未有故，现在第一义故。）

如来不应以色身见

（柳书、慧本同。流通本"色身"上有"具足"二字。南唐石刻以后诸本皆然。）

即为谤佛

（古今各本并同。南唐石刻、张书"即"作"则"。）

"尔时慧命须菩提"至"是名众生"

（柳书无。南唐石刻以后有。按此六十二字，秦译本无之，乃后人据魏译增入者。故肇注乃至纂要，皆未释及。惟赞述已引魏译加入释之。大约唐时或加或不加，至五代以后本，则无不加入耳。总之，此段之义，偈论俱有。取魏译增入，亦佳。秦译盖因前文已有如来说一切众生，则非众生。故此处从略欤。）

为无所得耶如是如是

（柳书、慧本同。流通本"如是"上有"佛言"。按南唐石刻，已有"佛言"二字矣。）

则得阿耨多罗三藐三菩提

（柳书至明刻、慧注等五会本并同。流通本、清初本"则"作"即"。）

如来说非善法

（柳书、宋藏、张书、慧本并同。流通本"说"下有"即"字。南唐石刻、明清诸本皆然。古注如慧注赞述，引经皆无"即"字。惟纂要引作"即非"。）

受持为他人说

（柳书、慧本并同流通本"受持"下有"读诵"二字，南唐石刻以后本皆然。）

如来则有我人众生寿者

（柳书至明刻、慧注等五会本并同。流通本、清初本，"则"作"即"。）

则非有我

（同上。）

则非凡夫

（同上。又清初本及今流通本，此句下复有"是名凡夫"句。柳书至明刻、慧注、肇注、智疏、赞述、四会本皆无之。清初有本，注明为古本所无。详考各古注，皆无是名句义也。）

转轮圣王则是如来

（同上）

汝若作是念发阿耨多罗三藐三菩提者

（柳书、慧本、肇本并同。流通本"者"上有"心"字，南唐石刻以后本皆然。）

发阿耨多罗三藐三菩提者于法不说断灭相

（同上。）

以满恒河沙等世界七宝布施

（柳书、慧本同。流通本"布施"上有"持用"二字。南唐石刻以后本皆然，而明刻本有少"持用"二字者。）

此菩萨胜前菩萨所得功德须菩提以诸菩萨不受福德故

（柳书、张书、慧注、赞述、二会本并同。流通本"功德"下有"何以故"三字。南唐石刻、碛砂藏亦然。明刻本间无"何以故"句。）

是微尘众宁为多不甚多世尊

（柳书、宋藏、明刻、慧注等五会本皆同。流通本"甚多"上有"须菩提言"句。南唐石刻、张樗寮书、清初本皆有之。）

佛则不说是微尘众

（柳书至明刻、慧注等五会本并同。流通本、清初本，"则"作"即"。）

则非微尘众

（柳书、宋藏、张书、明刻、慧注等五会本并同。流通本"则"作"即"，南唐石刻清初本皆然。）

则非世界

（同上。）

若世界实有

（柳书如此。慧注会本作"有实"。流通本及南唐石刻以后各本，皆作"实有者"。）

则是一合相

（柳书、翁书、宋藏、明刻、慧注等五会本并同。张樗寮书、清初本、流通本，"则"作"即"。）

则非一合相

（柳书、宋藏、张书、明刻、慧注等五会本并同。南唐石刻、清初本、今流通本"则"作"即"。）

则是不可说

（柳书至明刻、慧注等五会本并同。清初本、今流通本"则"作"即"。）

是人解我所说义不世尊

（柳书、慧本同。流通本"不"下有"不也"句。南唐石刻以后各本皆然，惟明刻无之。）

即非我见人见众生见寿者见

（古今各本皆同，惟明刻"即"作"则"。）

发菩萨心者

（柳书至明刻、慧本并同。流通本、清初本"菩萨"作"菩提"。按长水记云：发菩萨心者，拣余人也。）

金刚经校正本跋

《金刚般若波罗蜜经》，自唐以来，受持遍寰宇。书写刊印者既多，文字讹夺，亦因之而日繁。胜观弱冠受此经。初惟依随读诵而已，莫明其义，亦不辨文字有异同也。逊清光绪季年，金陵刻智者疏成。味其疏义，颇有与今本文字不协者。稍稍疑之。因广搜旧刻，复见东瀛续藏中肇慧诸注。疑愈甚。及睹唐人柳诚悬写经，则与诸古疏义合。然后始知今本之讹误甚多也。继而应聘，校理北平图书馆所藏敦煌石室唐人写经。其中，《金刚经》最多。大抵与柳书同。乃深慨夫沿讹袭谬，由来盖远。今幸获古人真迹，及古注疏。千余年淆误，因得证明。奈何不锓布于世以匡之乎。然而习非成是久矣。荆人献璞，鉴真者稀。宜俟机缘，未堪率尔。时民国八九年间也,迨岁庚午,有潮阳郭居士者,精刊此经。谓依柳书。书出,大有非难其擅改经文者。实则其刻尚未尽依柳书。甚矣。习非成是。有如是乎。虽然。古本之善,终不能掩。试举一二。如古本前周曰应云何住,后周乃曰云何应住。一字升降,其义迥殊。自讹为一格。遂有误认文复者矣。是名句,或有或无。各具精义。自讹为处处有之。遂多以三谛说之矣。不知般若正明二谛。盖于二谛,遮照同时,即是中也。岂二谛外别有中乎。台宗以三谛说一切法。然智者大师本经疏义。始终皆明缘生之法,莫非假名,故曰即非。达其即非,乃会真实。其于是名,只作假名会。是真善说三谛者。若必执三谛名言,而以是名配中,是名庄严,则可。是名我见人见众生见寿者见,云何通耶。壬申之秋,应诸友夙约,为说此经。悉依唐人写本。而融通诸论及古注义蕴以说之。大众欢喜踊跃。请以校正本印布之。欲使共知确有依据。孰正孰讹,大明于世也。于经后附校勘记。引诸异本,及各家疏释,不厌求详,以资覆按。而述其缘起于此。一事之兴也,无不关时。况甚深般若乎。依文字,起观照,悟实相。文字因缘,所关非小。或曰:禅宗即般若度,而不立文字。何也？曰:子误矣。《楞严经》云:知见立知,即无明本。

知见无见，斯即涅槃、无漏真净，此不立之旨也。岂断灭文字相。且诸家语录，非文字乎。语云：依文解义，三世佛冤。离经一字，便同魔说。何况一字之差，大有出入。何可忽也。癸酉春胜观谨跋。

中华民国三十三年甲申四月
普慧大藏经刊行会敬刊

附：江味农居士传

居士姓江氏，名忠业，字味农，法名妙煦，晚年改名杜，号定翁。于其所著书中，或署幻住，或署胜观，随时取意，初无一定。先世本居江苏江宁南乡凌阁村，因王父乐峰公，筮仕鄂省，遂家焉。居士幼时，即随乐峰公，持诵《金刚经》，终身未尝少辍。父切吾公，为前清循吏，有政声。居士以光绪壬寅举于乡，旋得陕西补用道。然养志承欢，不乐仕进。切吾公宦游数十年，历赣至蜀，居士皆随侍赞襄，事无钜细，必躬亲之。居士中年丧偶，悟人世之无常，即潜心学佛。虽以父母之命，续娶继室，然在家出家，其志已早决矣。辛亥之秋，切吾公以年老致仕。居士奉父母，自蜀返鄂。值革命军兴，家产荡然。避地东下，初居武林，后至上海。虽流离琐尾，艰苦备尝,而养亲乐道,处之泰然。讱吾公忠贞亮节,严命居士,不许再入仕途。居士谨受教,不敢忘。丁巳,讱吾公卒。居士于哀毁中,乘机劝母郭太夫人长斋念佛。戊午春,礼禅宗大德微军和尚为师,受菩萨戒。尽力参究,颇得消息。时北五省旱灾惨重,居士受简照南之托,携款北上。参加佛教筹赈会放款十万,全活甚众。余以辛壬之间,始与居士相识于沪上。至是,又与相见于北京。是年夏,道友徐文霨、梅光羲等,延请观宗寺谛闲法师北上,开讲《圆觉经》。自编讲义,分给听众。然法师称性而谈,于讲义之外,多所发挥。余因请居士及黄士恒,各述所闻。每日笔记,由居士总其成。成后,以呈谛师。谛师印可,为取名《圆觉亲闻记》。时京师图书馆搜藏炖煌石室写经八千余卷,中多秘笈,需专家校理。余乃献议于教育部,请居士任校理之职。自戊午迄己未,先后二年,居士于残乱卷帙中,辑成《大乘稻芉经随听疏》一卷,《净名经集解关中疏》二卷。居士跋《大乘稻芉经随听疏》有云:"曩闻炖煌经卷中有《稻芉经疏》十余卷,为大藏所佚。及来图书馆,亟取而阅之。芜乱伪脱,几不可读。为之爬梳剔决,排比联缀。并取重覆之卷,互勘异同,亦有援据他书以校补者。其不可考者,则存疑焉。积八月之力,录成一卷,仍阙首尾。会傅增湘购得一残卷。所缺疏文，悉在其中。于是千年秘著，遂成完书。"是可知其搜辑之艰辛，而时节因缘之不可思议也。其叙《净名经集解关中疏》有云："此疏向丛残万卷中，重事搜辑。载更寒暑。竟得勘订成书，首尾完具。止中间阙一小段，不碍大体也。夫关中净名经疏。今犹有闻者，仅一肇注。然校以此书，往往此犹加详，始知其已非原本。况复什门诸作，此书备载。而又为之科解，提挈分疏。及其所未及，言其所未言。譬如无上妙味，萃聚而调节之，取精用宏，饫之弥旨。此亦如是。一编之中，妙义兼罗。苟其息机静对，即异以会通，观心而契体。尚何经旨之不明，神智之弗启也。"可见是疏之珍秘矣。庚申，回沪。母郭太夫人示疾，居士为诵《大悲咒》加持之，并令家人虔诵佛号助之。太夫人临终起坐，向西合掌，念佛而逝。居士从此信念愈坚。尝憾多生习气，思藉密教神咒之力，以消除之。复至北京，适遇日本觉随和尚，专修供养大圣欢喜天法。居士乃约同志数人，请其设坛传授。及圆满之日，居士顿觉现高大身，上穷无际。觉随谓之曰："此番修法，惟子得福最大。"既而觉随率居士赴日本高野山，研究东密。卒以他事障碍，未克潜修。不久返国，与简照南玉阶昆仲，筹办功德林佛经流通处于海上。

搜集南北刻经处及名山各版经籍,流通全国,以弘法利生。居士尝谓南岳思大师之《大乘止观》,为东土撰述中稀有瑰宝。智者大师之《摩诃止观》,即从此出。学者不先通南岳之义,即习《摩诃止观》,难得要领。然南岳心法,久湮海外。宋时虽传入中国,措意者稀,深为惋惜。会辛酉之夏,海上南园居士,发起讲经会。居士即献议,启请谛闲法师,讲《大乘止观》。居士每日笔记,并于幽深微妙之处,曲折譬喻,以说明之。就正谛师,再三往复。至癸亥始脱稿,名之曰述记。谛师自谦谓此书十之七八,系居士所述,不肯居著作之名。居士则谓谛师发其端,必以著作之名归之,彼此谦让。又以书中专名典句,虑有难明,复屡经修改。荏苒八年,始成书二十卷,刊版印行。谛师亦鉴居士之诚,允为居名。然其致居士之函则云:"记文不惟词意通畅。其吃紧要关,旨趣渊微之处,透彻了明。此皆全是老维摩以精妙见地所发挥也。"乙丑夏,白普仁尊者南来。主持金光明法会。海上同人。公推居士襄助尊者宣扬。于是由沪而杭而湘而鄂而浔而宁,辗转数千里。躬亲会务,条理井然。藉此机缘,得以研究藏密。己巳秋,应闽中善信之请。赴福州,宣说佛法,三月始归。庚午秋。在沪开讲大乘止观述记。逾年方毕。省心莲社成立,被推为社长。从此常在社中，开讲大乘经典。并领导社员念佛礼忏。余知居士于《金刚经》独有心得，于甲戌之夏，请居士为余讲述大意。既而省心莲社同人，要求公开，乃正式开讲。余每次为笔记，记毕，即呈居士修改。后居士乃每次自写讲义，畀余抄录。及法会圆满，积稿至四厚册。居士以为尚须润色，并将初分所缺者补足，方可成书。同人以居士在家，问道者多，不能专心撰述。因谋另辟静室，供养居士。谢绝一切，期以一年，将《金刚经》讲义撰补完成。然居士每岁遇黄梅时节必病，病辄数月。又以悯念南北死难众生，启建大悲忏，虔心超度。因此迁延，讲义卒未脱稿，然已得全书十之六七矣。其解释《金刚经》，多有古德所未发者。如佛说他经时，恒放大光明，六种震动，现种种瑞相。独说金刚般若甚深经典，仅云世尊食时，著衣持钵，入舍卫大城乞食等语。居士为之释曰："是经最大旨趣，是发挥不应住相之理。故开首记世尊举动，与寻常比丘相同，是即成佛而不住佛相。弟子亦视为寻常。惟须菩提窥知其意，所以叹为希有。否者，持钵乞食，何足令人惊叹耶。"通行之《金刚经》，两周问答，皆作云何应住。居士乃依据古注及炖煌写经，勘定前周作应云何住，后周作云何应住。两问意义，绝不相同。而为之说曰：

"前周应云何住,是问菩提心应云何安住,俾无驰散,为初发大心修行者说也。后周云何应住,是问既应离一切相发心,则菩提心云何独应住耶。若不住此法,又何谓之发心。若不应住而应降伏者,岂非不发心耶。然则云何降伏其心耶。是为已发大心修行者说也。"其于《金刚》妙义,发挥精透类如此,此特略举其一二端耳。戊寅首夏,天气阴湿,居士依旧示疾,胃纳不舒。余每隔二三日,必往省视。见其卧床不能起,较往岁为重,甚为忧虑。居士则云:"一过黄梅病当霍然。"而其弟子等,则在隔室佛堂,为之念佛,终日佛号不断。居士亦安卧默念,神志极清。至旧历五月中旬,疾渐增,而神志愈清。道友朱光琪用朱书大字,劝其一心往生,勿恋尘世。居士审视数过,合掌谢朱,口称欢喜赞叹。朱既去,则谓左右曰:'吾勤修一生,岂于此一关尚不了了,朱君殆过虑矣。'及十八之夕,自云:'金光遍照,佛来接引。'邀集诸道友,而蔡济平因事,至十二时方至。居士犹诏之曰:'修持以普贤行愿为最要。'遂合掌不复语,于诸道友及家族佛号声中,安然而逝。寿六十有七。余与居士交二十余年,初仅知其泛滥各宗,归宿净土。近年交谊益密,研讨益深。方知居士一生得力于般若,从事参究,早得消息。豁然大悟,一心常在定中。晚间无梦,至今已五年余矣。故恒自言:"教宗般若,行在弥陀。"其说法也,称性而谈,旁通曲达,自在无碍。余于经典及修持功夫,偶有怀疑,以质居士。其解答总高人一着。而其戒行之严,进修之密,足为一世模范。居士诚佛门龙象哉。

蒋维乔